양 띠

나 경 수

국학자료원

책머리에

별자리나 동물을 빌어 시간의 단위를 정했던 것은 원고시대의 보편적인 역법(曆法)이었다. 우리가 알고 있듯이, 열두 동물을 빌어 年·月·日·時의 매듭을 맺은 역산법이 한자문화권에서 오랫동안 두루 통용되어 왔다. 물론 이는 중국 고유의 것은 아니고 주변 민족의 문화를 수용해 들이면서 함께 중국에 수입되었으며, 특히 띠동물이 중국의 12지사상과 결착하게 되면서 한나라 시대 이래 일반화된 후, 다시 그 주변 국가로 흘러들었다.

우리나라에서 언제부터 띠동물에 대한 믿음이 시작되었는지 정확히는 알 수 없다. 그러나 현재 전하고 있는 유적으로 볼 때 적어도 신라시대까지 소급할 수는 있다. 현재 경주에서 볼 수 있는 것처럼 왕릉 주위에 열 두 동물을 돌에 새겨 둘러 놓은 호석(護石)은 바로 띠동물에 대한 믿음이 이미 그 시대에 있었음을 증명해 주는 사례인 것이다. 본래 띠란 구체적으로는 마차의 바퀴를 뜻하며, 기하학적으로는 원형을 의미하는 순수한 우리말이다. 마치 바퀴살이 배열되어 원통형의 바퀴를 이루고 있는 것과 같이 열두 동물이 시간대에 따라 배열되어 있는 형상에 의거하여 띠동물이 배치된 것으로 보인다. 직선형 시간관에 대립되는 순환형 시간관은 자연시간의 주기적이며 순환적인 운행에 의거하여 이루어진 것이며, 열두 동물에 의거하여 年·月·日·時의 매듭을 장치하고 있는 것은 인류가 만들어낸 대표적인 시간관의 하나로 꼽아진다.

자연과 인생을 둘로 보지 않았던 고대적 관념, 특히 그러한 성향이 남달리 짙은 동양적 관념구조에 따라 띠동물은 단지 시간의 매듭을 정하는 데 그치지 않고, 인생을 가늠하는 하나의 중요한 준거로서 말해져 왔다. 혈액형에 따라 사람의 성격을 가늠하듯, 우리는 누구 누구가 무슨 띠라 성격이 어떻다느니 하는 말 역시 흔히 듣고 말한다. 사주팔자라는 운명론적 신앙이 철저히 믿어지던 시대의 산물일 이러한 관용적 언어가 지금도 적잖게 사회적으로 통용되고 있음을 본다. 필자는 을미년(乙未年) 생으로서 어려서부터 그해 띠동물인 양처럼 순하다는 말을 흔히 듣고 살아 왔다. 천성을 띠동물에 결부시키는 말을 자주 듣다보면 일종의 자기 최면에 걸릴 수도 있다고 본다.

띠동물로서의 양은 본래 우리나라에서 자생하거나 가축으로 길러지던 것은 아니었다. 그래서 일반적으로 양과 비슷한 염소를 취해 양띠를 염소띠라고도 한다. 염소는 육축(六畜)의 하나로 우리와 친숙한 동물이기 때문에 그를 빌어 양을 대신한 것이었다. 요즈음 거의 모든 일간지에 일진(日辰)이 실리고 있는 바, 이 역시 띠동물을 근거삼아 가리고 있다. 예의 양의 그림이 있는 곳에 1943년, 1955년, 1967년생의 그날 일진을 싣고 있는 것이다. 이는 공연한 신문사의 유희적 편집은 아닐 것이다. 그런 기사에 대한 수요가 있기 때문에 매일 귀중한 지면을 할애하고 있는 것일 것이다.

띠와 시공(時空), 띠와 인생의 관련성이 오랜 옛날부터 이렇게 믿어져 온 까닭에 이는 민속의 하나로 그 지반을 견고히 해 왔다. 한편 시간적 유구성과 신앙적 보편성은 그 사회에서 나름대로 상징성을 획득하게 되는 것이 일반적 현상이다. 필자는 양띠의 민속과 상징에 대한 과제를 해결하기 위해 요 몇년간 자료를 찾고 정리하는 시간을 가졌다. 그러한 작업 과정의 결과치고는 만족할 만한 내용은 아니지만, 이것이 결정판은 아니며, 주제에 대해 계속 관심을 가지고 더 많은 자료를 모으고 더 깊이 숙고를 할 생각이라는 점을 변명삼아 말해둔다.

양처럼 우유부단한 자식을 낳아 속끓이고 기르시면서도 항상 남보다 잘 되기만을 빌으셨던 어머님 영전에 이 책을 올린다.

끝으로 양띠에 태어난 모든 사람의 건승을 빌며, 특히 보잘 것 없는 글을 책으로 내주신 국학자료원에 깊은 감사의 말씀을 드리고 싶다.

1998년 12월

나 경 수

차 례

책머리에

Ⅰ. 서 언

열두 동물을 해와 달과 날의 주기에 따라 자리매김을 해서 사용했던 것은 이미 중국의 한나라 때부터 일이라고 한다. '쥐(子), 소(丑), 호랑이(寅), 토끼(卯), 용(辰), 뱀(巳), 말(午), 양(未), 원숭이(申), 닭(酉), 개(戌), 돼지(亥)'라는 열두 동물을 한 해에 하나씩 하여 12년을 단위로 주기적으로 그 동물의 해가 돌아온다. 또 일년 열두 달을 이 순서에 맞춰 달을 정하고, 하루를 열두 등분으로 나누어 각기 시각을 정했다. 우리가 흔히 쓰는 자정(子正) 또는 정오(正午) 등의 말도 이러한 풍속에서 나왔다. 자연적인 시간은 연속적이다. 따라서 작년과 금년이 같을 수 없고, 어제와 오늘이 같지 않다. 그러나 한편으로 자연은 순환적이기도 하다. 낮이 지나면 밤이 되고, 봄이 가면 여름이 오며, 이러한 순환론적 자연의 운행은 하나의 질서로서 규칙적으로 반복된다. 시간이 연속적이라는 점에서는 한번도 같은 시간일 수 없지만, 한편 시간이 순환적이라는 점에서는 동일한 시간대가 주기적으로 반복되는 셈이다. 봄은 작년에도 있었고, 금년에도 있으며, 따라서 내년에도 있을 것으로 예측된다. 과거와 현재와 미래가 일회적이면서도, 다른 한편으로 보면 순환적으로 반복되는 것이 자연현상에서 볼 수 있는 하나의 질서이다. 먼 옛날 시간의 이러한 주기적 반복성을 경험한 인간은 그 주기적 단위를 법칙처럼 정할 필요가 있었다. 그래서 민족마다 나름대로 시간대의 주기를 표시하는 뭔가의 장치를 하게 되었다. 인류의 이러한 시간관과 그 시간에 대한 인식의 방편으로서의 기년(紀年)의 방식들이 고안되는데, 그 중의 하나가 바로 중국에서 고안되었던 것으로서 열두 동물을 정해서 해와 달과 날의 주기율을 삼은 것이다.

이 책에서 다루는 양은 열두 동물 중 여덟번째에 해당되는 동물이다. 띠동물의 하나로 취해진 양에 대한 믿음이 오랜 역사를 관류하면서 지금에 이르고 있는 까닭에 적잖은 관습과 민속이 그것과 부수되어 있다. 특히 띠동물 중에는 인간의 경험권 밖에 있는 상상적 동물이나 또는 일상적인 생활과는 거리가 있는 동물등이 있으나, 양은 인간과 가장 가까운 거리를 유지하면서 직접적인 경험의 대상으로 있어 왔기 때문에 그와 관련된 관습과 민속, 그리고 그로부터 유인된 비유나 상징이 많다.

인간은 만물의 영장이며, 지배자이다. 그러나 다른 한편에서는 만물로부터 많은 것을 배우기도 한다. 만물의 하나인 동물, 동물의 하나인 양은 그런 점에서 인간을 실제의 생활 속에서 이롭게 하였지만, 정신적 측면에 있어서도 적잖은 교훈을 주었던 우리의 교육자이기도 하다.

이 책에서 다루어지게 될 양과 관련된 민속과 상징은 주로 우리나라의 현상을 위주로 하겠지만, 굳이 여기에 얽매일 필요는 없다고 본다. 양이 인류에게 아주 오래전부터 매우 보편적으로 길러졌던 가축인 만큼 그와 관련되는 민속과 상징은 우리 민족의 역사를 통해서 보는 특수한 측면도 있겠지만, 그 한계를 뛰어넘어 보편적 상징을 획득한 예도 많을 것이기 때문이다.

큰뿔산양(미국의 록키산맥)
이들은 높은 산에서 근거생활을 한다.

Ⅱ. 양과 인간

십이지(十二支)의 하나인 양은 우리나라 토종은 아니지만, 세계 가축사로 보면 개와 더불어 가장 오래전부터 인간이 사육하기 시작했던 가축의 하나다. 양을 면양(緬羊)과 산양(山羊)으로 구분하기도 하는데, 이 둘은 동물학적으로는 다르다. 엄밀히 말해서 양은 면양을 뜻하며, 산양은 염소[羘牛 - 羖羊, 羔]라고 한다. 염소는 양과는 다른 생물학적 특성을 가진다. 양과 염소는 수염, 뿔, 두형(頭形), 피부, 털 등 신체적 특징이나 성질에 따라 구분된다.

양의 학명은 Ovis aries L.이다. 염소의 학명이 Capra hircus L.인 것과 대별된다. 양은 포유류 우제목 우과(哺乳類 偶蹄目 牛科)의 동물로서, 가축인 면양과 야생종인 무플론, 아르칼리, 비그혼 등이 있다.

양은 떼를 지어 살며, 높은 곳에 오르기를 좋아한다. 성질은 온순하고, 초식동물로서 풀이나 나뭇잎, 나무껍질 등을 먹고 산다. 임신기간은 147일-161일이며, 한 배에 1-2마리의 새끼를 낳는다. 새끼는 생후 1개월이면 먹이를 먹고, 3개월이면 이유를 한다. 두 살이면 출산이 가능하고, 수명은 7-10년이다. 뿔은 암수 모두 없는 것, 수컷에만 있는 것, 암수 모두 뿔이 있는 것 등 여러 가지며, 대개 수컷의 뿔이 크다. 몸의 크기는 품종이나 조건에 따라 다르다. 일반적으로 수컷이 더 크며, 대형인 것은 몸길이 1.2m(수컷), 1m(암컷), 어깨높이 1m(수컷), 90cm(암컷), 몸무게 115kg(수컷), 95kg(암컷)이다. 주둥이는 좁고 가동성이다. 수염은 없으며, 피하의 지방층이 매우

면양: 양털을 얻기 위해 길러진다.

발달해 있고, 피부가 부드럽다.

　인간이 양을 사육하기 시작한 것은 기원전 약 6000년 전의 일이라 한다. 종래는 양이 신석기시대에 정주적인 농경생활을 영위하면서 가축화된 것으로 알려져 있었으나, 사실은 그보다 훨씬 빨라 농경이 시작되기 이전에 벌써 순화(馴化)되어 사육되었다고 한다. 인간이 식량으로써 양을 필요로 하는 일이 많아지면서 야생 양떼의 이동경로를 따라 인간도 함께 따라 이동을 하며 필요에 따라 양을 잡아서 그 고기를 먹고 가죽을 이용하였다. 이렇게 되어 최초의 유목민이 탄생하게 되었다.

　양은 용도에 따라 여러 가지의 품종으로 분류된다. 모용종(毛用種), 모육겸용종(毛肉兼用種), 육용종(肉用種), 유용종(乳用種), 모피종(毛皮用) 등이 있다. 동양에서 종이 제조술이 전해지기 이전에 유럽에서는 기록을 위해 양의 가죽을 사용했다. 양가죽을 가공하여 양피지를 만들어 썼던 것이다.

　우리나라에서 옛날에 양이 산업적 용도로 사육된 예는 거의 찾기 어렵다. 대신에 제사용 또는 의료용으로 사용되었다. 고려시대에 금나라를 통해서 우리나라에 양이 들어온 기록이 보이고 있고, 또한 고려·조선조를 통해서 조정에서 양장(羊場)을 설치하여 제사용 양을 기르게 했던 예가 있다. 그러나 풍토병 등으로 성적이 좋지 못했다. 면양이 산업용으로 사육되기 시작한 것은 일제시대부터였다. 양은 사육되기 시작하면서부터 인간과 뗄 수 없는 관계를 유지해 왔다. 인류의 3대 경제형태라 불리는 수렵채취, 유목, 농경에 있어 특히 양은 유목경제를 형성 지탱했던 중심적인 경제동물이었다. 유목경제란 말할 것도 없이 양을 사육하는 이동경제형태를 뜻한다. 일찌기 중앙아시아에 발달된 대평원의 초지를 자연적 조건으로 하여 양은 순화되어 길러졌으며, 그러한 일련의 사육경제가 세계 도처로 흘러들어 양은 이제 세계적으로 가장 넓게 사육되는 동물이 되었다.

양은 다른 사육동물과는 달리 그 쓰임이 다양하다. 유목경제를 영위하는 사람들에게 있어 양은 의식주 전체를 해결해 주는 중요한 동물이다. 고기와 젖을 먹고, 털과 가죽으로는 옷을 해 입기도 하며, 또 겔이라고 불리는 이동가옥을 만든다. 의식주는 인간의 문화 중에서도 가장 기본적인 것이다. 그러한 기본적인 문화적 삶을 가능하게 해주는 양의 이로움은 인간에게 있어 어떤 다른 동물과 비견하기 어려울 정도다.

유목경제를 영위하는 사회에서뿐만 아니라 오늘날은 세계적으로 양이 중요한 축산동물이며, 경제적인 동물로 길러지고 있다. 의복을 예로 들면, 그것을 만들기 위해 쓰이는 섬유는 크게 나누어 두 가지 종류가 있다. 자연섬유와 인공섬유다. 인공섬유는 나일론이나 폴리에스텔과 같은 화학섬유를 말한다. 자연섬유는 다시 두 종류로 나뉘는데, 식물에서 얻은 것과 동물에서 얻는 것이 있다. 식물성 직물은 솜에서 얻는 면류(綿類)가 대표적이며, 동물성 직물은 양털에서 얻는 모류(毛類)가 가장 많다. 땀을 흘리는 더운 철에는 면류가 의복의 주류를 이루지만, 추위가 엄습하는 계절에는 모류가 의복감

으로는 좋다. 양가죽으로 만든 모피류 역시 용도는 마찬가지
다. 양털로 짠 모직의 경제적 효용성을 접어두고라도, 양털이
인간에게 신체적으로나 정신적으로나 포근함에 기여하는 정
서적 가치만 따져보더라도 양은 인류에게 없어서는 안될 중
요한 존재가 되어 있는 것이다. 양모 1㎠를 짜는데 약 6-7만
개의 양털이 들어가기 때문에 섬세하며, 섬세한 만큼 부드럽
다.

　양은 이렇듯 먼 옛날부터 지금에 이르기까지 인간에게 이
로움을 주어 왔다. 그러나 양이 단순하게 의식주를 해결하는
산업용 또는 경제적 동물로만 이용되었던 것은 아니다. 또 그
온순한 성질이 비유적으로 인간심성에 적용되면서 온유한 정
서적 안정과 사회적 질서를 뜻하는 상징으로 승화되기도 했
다. 즉 인간에게 있어 양의 가치는 단지 실용적인 측면에만
한정되는 것이 아니다. 양은 신과 인간을 이어주는 역할을 맡
아 왔다. 종교행위는 일종의 경제행위다. 인간이 신에게 바치
면, 신도 인간에게 다시 내리는 구조다. 인간이 신에게 제물
을 바치면, 신은 인간에게 복을 내린다. 비록 그 구조는 수직
적이며 종속적인 것처럼 이해되기 쉽지만 상호 보완 보족적
이라는 점에서 공생적 협동관계를 유지하는 존재다.

　양은 고차적인 정신적 측면에 있어서도 역시 다종 다양한
은택을 인간에게 선물해 왔다. 비둘기가 평화의 상징이라면,
양은 순종과 순수를 상징한다. 도덕적인 선(善)을 몸소 체현
한 양은 인간에게 교훈과 순정의 품성을 따라 배우도록 했다.

『성경』에서 목자와 양의 관계가 비유적으로 말해지고 있는 예도 많고, 중국의 제자백가를 비롯한 많은 사상가들이 인성을 설명하고 계도하기 위해 양을 비유로 들기도 했다. 또 보리수 밑에서 해탈을 위해 6년간 수양을 마친 석가가 한 잔의 양유를 마시고 나서 화락의 기운을 얻어 인류의 정신적 지주로 우뚝 섰다. 갓 짜낸 양젖의 부드러움과 고소함, 그리고 그 자양이 석가의 몸에만 아니라 정신에까지 두루 미치면서 저 높은 지혜의 말씀으로 다시 돌아왔던 것이다. 인간과 양의 관계는 이렇듯 단지 경제적이며 실용적인 데 그치는 것이 아니라, 종교적이며 정신적인 추상화까지도 성취해내기에 이르렀던 것이기에 더욱 값지다 하겠다.

Ⅲ. 우리나라의 양의 역사

1. 고대의 기마민족문화와 양

양은 유목경제에서 가장 중요한 가축이다. 유목이란 양을 기르는 경제형태를 지칭한다 하여도 과언이 아닐 정도다. 지금은 세계 도처에서 산업용으로 양을 기르고 있지만, 처음으로 야생의 양이 순화되어 가축으로 길러진 것은 중앙아시아의 대평원이었다. 서쪽으로는 지금의 이란 지역에 이르는 스키타이지방부터 동으로는 만주와 몽고를 가르는 흥안령 산맥까지가 그 발상지다. 그러던 것이 그 경제성으로 인해서 인근의 여러 지역으로 확산되어 갔다.

유목경제는 수렵채취, 농경 등과 더불어 자연적인 일차생산에 있어서 가장 전형적인 인류의 3대 산업형태 중 하나다. 그것을 위해서는 광야의 초지가 필요하기 때문에 그것이 잘

면양을 사육하는 목장과 말을 탄 목동

발달된 중앙아시아 일대에서 일찌기 양치기가 발달할 수 있었던 것이다. 우리의 역사에서 보면 아주 오래전에 목축경제가 발전했지만, 우리의 목축과 유목을 동일시할 수는 없다. 돼지를 주로 길러 왔던 우리는 정착경제라는 특수한 조건 속에서 그것을 가축으로 길렀기 때문에, 방목과 이동을 하는 유목형태와는 다르다.

그러나 우리의 역사에서 직접 경제형태로서 유목경제를 영위한 적은 없지만, 고대사에서 유목경제 또는 유목문화와의 접촉은 찾아볼 수 있다. 유목지대에서 발달한 민족 또는 문화가 바로 기마민족 또는 기마문화라는 것이다. 비근한 예로 우리나라에서는 말고기를 먹지 않는다. 고대사에서 우리가 경험했던 기마문화의 전승이 지금에까지 이르고 있는 증

12지 신상도의 양
조선 시대 민화. 양은 길상 동물인 데서 민화로 널리 그려졌다.

거다.

기마문화는 이미 B.C. 1000년전에 스키타이지역에서 출현했다. 본래 마차를 끌게 했던 말에 직접 올라타서 이동용으로 말을 사용하게 되었던 것이다. 양을 주로 길렀던 중앙아시아의 여러 부족신화를 보면 그들과 가장 밀접한 동물로 말, 개, 이리 등이 빈번하게 나온다. 말은 우선 뒤로 미루고, 개와 이리가 그들의 신화에 자주 등장하는 이유를 보면 이 양자는 이율배반적인 원인을 취하면서 신화적 인물로 선택되고 있음을 본다. 개는 양을 보호해주는 동물이며, 이리는 양을 해치는 동물이다. 유목민들은 개를 길러 양을 노리는 이리나 늑대를 지켰다. 그래서 개는 그들에게 있어 수호신적 기능을 가진 것으로 해석되어 부족신화에까지 오르게 되었던 것이다. 반대로 이리는 양을 해치지만, 오히려 그것 때문에 신화에 오르게 되었다. 유목민들은 늘 이리로부터 양을 지키는 일이 필요했다. 이러한 필요성을 그들은 다른 형태로 전이시켜 그 필요를 새로 고안된 장치에 전가하는 방식을 취했다. 그 장치가 바로 수호신 또는 조상신이라는 것이다. 사회적 필요를 종교적으로 해결하고자 했던 의식이 바로 그들 신화에 투영되어 있는 것이다. 이 때문에 유목민 중에 이리나 늑대를 그들의 조상신 또는 수호신으로 믿고 있는 부족이 많다.

신은 두 모습을 지닌다. 소위 외경이라는 것이 그것이다. 두려움과 존경은 반대가치다. 신에 대한 존경의 마음도 있지만, 그에 대한 두려운 마음도 인간은 느낀다. 그러나 보다 원초적으로 말하자면 신을 두려워 하거나 또는 존경하거나 하기 전에 두려움이나 존경이라는 심적 태도가 신격화되는 과정이 먼저였다. 말하자면 신에 대한 두 태도는 인간이 자연에 대해 느끼는 두 태도였던 것이며, 이러한 두 태도가 신격화의 방식을 위해 신화나 종교의 형태를 지향하게 되었던 것이다. 엄밀히 말해서 신이 인간을 만든 것이 아니라, 인간이 신을 만든 것이다.

종교의 기원 또는 신의 기원에 대한 이러한 이해를 전제로 하고 보면, 유목민들이 우호적으로 느끼는 개와 적대적으로 느끼는 이리를 그들의 신격으로 각각 취하게 된 양가적인 이유를 알게 된다. 어떤 부족이 이리를 그들의 조상신으로 믿고 있다면 그것은 이리에 노출되기 쉬운 그들의 위험을 신격화시킨 것으로 보아 좋을 것이다. 민속현상에는 미화를 통해서 방액적 기능을 의도하는 예가 많다. 도둑을 양상군자(梁上君子)라고 지칭하는 것도 그 한 예일 것이다. 유목민들이 그들의 생활을 보호해 주는 개뿐만 아니라, 위협을 느끼는 이리를 신격화한 이유와 논리가 여기에 있다.

 말 또한 유목민들의 신화에 자주 나오는 동물이다. 특히 헤로도투스의 『역사』에도 나올만큼 오래된 인류 역사의 한 갈래가 소위 기마민족 또는 기마민족문화다. 기마민족국가는 일명 정복국가라고도 불린다. 말은 일차세계대전 때까지만 하더라도 인간이 이용할 수 있는 탈것으로서 가장 기동력이 뛰어난 것이었다. 말에 올라타서 그 빠른 기동력을 이용해서 농경민족을 유린했던 것이 기마민족국가다. 역사에서 세계를 호령했던 흉노족이나 원나라가 모두 그 기마민족국가였으며, 중국의 오호십육국 역시 기마민족국가로서 대표적인 예다. 중국의 만리장성은 기마민족의 침략을 방비하기 위해 만들어졌다. 인류가 만들어낸 인공물로서 유일하게 달에서조차 확인되는 것이 만리장성이라고 한다. 이러한 인류 최대의 물적 위업인 만리장성을 쌓는데 들인 에너지의 양과 공력은 이루다 헤아릴 수 없을 것이다. 그러나 정작 그것이 기하학적일 만큼의 엄청난 에너지와 물적·인적 희생이 따랐다고 하더라도, 그것으로써 얻은 이익이 더 클 것으로 기대했기 때문에 그러한 역사(役事)를 일으켰을 것이다. 즉 기마민족에게 느꼈던 중국 한족의 위기감은 만리장성을 쌓는 노력을 마다하지 않을 정도였던 것이다.

우리나라 역시 기마민족과 무관하지 않다. 우리의 고대사를 반영하고 있는 주몽신화에서 역력히 그 역사적 사실을 읽을 수 있다. 기마민족은 만주의 대흥안령산맥을 넘어 동천을 거듭했다. 결국 그들은 한반도에 이르렀으며, 일본에까지 영향을 미치게 되었다. 우리의 역사에서 확인되는 바는 주몽과 말의 관계가 매우 밀접한 신화의 문면을 통해서지만, 그것이 현재 고고학적인 발굴성과에 힙입어 하나 하나 증명되고 있다. 주몽은 그 이전에 있던 부여를 무너뜨리고 고구려를 세웠다. 고구려는 일종의 정복국가였던 것이다. 그러나 여기에 그치지 않고, 남천을 거듭하여 온조는 백제국을 세운다. 백제국은 장차 마한 전체를 차지하여 고대국가로서 백제를 세운다. 고구려와 백제의 지배층은 뿌리를 같이하는 종족으로서 그 사실이 신화에 나와 있다. 온조가 주몽의 아들이었다는 것이다. 물론 주몽과 온조가 부자간의 혈연적 관계로 신화에 나오고 있지만, 이것은 믿을 바가 못된다. 신화에서 혈연적 관계란 흔히 사회적·문화적 동질성을 확고하게 하기 위해서 차용되는 방식일 뿐이다. 주몽과 온조가 혈연적 관계로 묶이고 있는 것은 실제 그들이 부자관계였다는 사실보다는 기마민족이라는 공통점을 가졌다는 것으로 읽어낼 줄을 알아야 한다.

　기마민족과 양의 관계는 굳이 설명할 필요가 없다. 기마민족국가가 유목국가로부터 비롯된 것이기 때문이다. 그러나 역사를 관류하면서 기마민족은 굳이 양을 기르는 유목지대에 머물지는 않았다. 농경지대를 침략하여 정복국가를 세워 나갔던 것이다. 그 예 중의 하나가 바로 우리의 고구려요 백제며, 중국의 오호십육국이었던 것이다.

　우리의 고대사에서 기마민족과 그 문화를 경험했던 것은 말뿐만 아니라 양에 대한 경험도 예상되는 문제다. 왜냐하면 비록 기마민족이 유목지대를 벗어나 그들의 활동 영역을 확대했을지라도, 문화와 종교는 보수적 경향이 강하기 때문에 양에 대한 나름대로의 관념연합이 기마민족의 문화 속에 계속해서 존속되고 있었을 것이기 때문이다. 그러나 현재의 자료로서는 그것을 실증할 만한 것이 남아 있지 않다. 원래 없었다기 보다는 오랜 시간을 경과하는 사이에 인멸되기도 했고, 또 아직 땅 속에 묻혀 있는 것에 대해 발굴이 이루어지지 않은 까닭에 그에 대한 자료를 가지지 못한 때문으로 생각된다. 이미 인멸된 자료에 대해서는 어찌하는 수 없지만, 앞으로 우리의 고대사를 해명하는 데 있어 기마민족문화 또는 기마민족국가의 역사를 재구하는 문제와 함께 양에 대한 관심은 꾸준히 지속되어야 할 것으로 안다.

2. 삼국시대 이래의 양의 역사

우리나라에서 양이 언제부터 길러졌는지는 정확히 상고할 길이 없다. 일본의 기록에 의하면 삼국시대까지 소급되기는 하지만, 신빙성이 의심되는 자료다.

『일본서기(日本書紀)』 22권에 있는 추고왕(推古王) 7년(599년, 백제 法王 1년)의 기록에 양과 관련된 내용이 나온다.

　　　7년 9월 백제에서 낙타 1필, 노새 1필, 양 2필, 흰꿩 1
　　마리를 보냈다.
　　　(七年九月癸亥朔 百濟貢 駱駝一疋 驢一疋 羊二頭 白雉
　　一候)

또 『일본기략(日本紀略)』에서 차아왕(嵯峨王) 11년(820, 신라 헌덕왕 12년)의 기록이 참고된다.

　　　홍인 11년 5월 신라인 이장행 등이 염소 2마리, 백양 4
　　마리, 산양 1마리, 거위 2마리를 보냈다.
　　　(弘仁十一年五月甲辰 新羅人 李長行等進 羖羊二 白羊
　　四 山羊一 鵞二)

위 기록은 서기 599년에 백제에서 일본에 양을 보냈다는 것과 역시 서기 820년에 신라사람들이 일본에 염소와 양을 전했다는 내용이다. 그렇다면 이미 삼국시대에 백제와 신라에서 양을 기르고 있었다는 역사적 증거일 수 있다. 그러나 의심이 가는 바는 백제에서 낙타와 노새를 일본에 보냈다는 기사가 들어있다는 점이다. 이미 그 시대에 한국에서 낙타와 노새를 기르고 있었다면 모를 일이지만, 없는 낙타와 노새를 따로 구해서 보내기야 했겠느냐는 생각이 든다. 만일 요즈음처럼 동물원이 발달해 있었다면 혹 모르겠지만, 당시의 사정으로 동물원을 역사에 상정하기는 불가능하다.

　중국의 『북사(北史)』 백제전에는 백제의 사정이 소상히 기록되어 있다. 그중에서 백제의 산물과 관련된 부분을 발췌하면 다음과 같다.

　　"땅은 몹시 습하고 기후는 따뜻하여 사람들은 모두 산속에서 산다. 큰 밤이 나오고, 오곡과 여러 가지 과일과 채소가 나며, 술과 식혜, 맛있는 반찬들을 만들어 먹는 것은 중국과 같다. 오직 그곳에는 낙타 · 노새 · 나귀 · 양 · 오리 · 거위 등속은 없다."

　다음으로 중국의 『당서(唐書)』 신라전에 보면 역시 양과 관련된 기록이 있어 주목된다.

　　"재상의 집은 녹이 끊이지 않으며, 노비를 3천이나 거느리며, 병사와 말 · 소 · 돼지 등도 그 수에 맞추어 준다. 가축은 바다 가운데의 산에다 길러 먹을 일이 있으면 쏘아

잡는다.…… 가축에 양은 없고, 나귀가 적으며, 말이 많은 데 말은 비록 높고 크나 행보를 잘 하지 못한다."

고구려의 사정은 상세하지 않으나 고구려와 자연지리적 또는 문화적 교류가 많았던 말갈에 대한 중국 『북사(北史)』 물길전의 다음 기록이 참고된다.

"그 나라에는 소가 없고 말이 있으며, 수레는 걸으면서 밀고 다닌다. 서로 품앗이 해서 농사를 지으며, 토지에는 조와 보리가 많고 채소에는 아욱이 있고, 물기운이 짜다. 소금은 나무껍질 위에서 내고 또는 소금을 얻는 염지(鹽 池)가 있다. 가축에는 돼지가 많고 양은 없다."

말갈은 고구려의 북쪽에 위치해 있던 종족으로서 중앙아 시아의 유목문화를 우리에게 전하는데 가교적인 역할을 했 을 지역이다. 그런데 그곳에서 우리의 삼국시대에 해당하는 시대에 양이 길러지지 않고 있었다는 사실로 미루어 볼 때 고구려에 역시 양의 사육이 없었던 것으로 보아도 좋을 것 이다.

중국측의 기록에 의하면 고구려, 백제, 신라에 낙타나 노새 가 없으며, 양 또한 없다고 한다. 따라서 백제와 신라에서 일본 에 양을 보냈다는 일본측 기록과 상충되는 내용이다. 중국의 기록과 일본의 기록 중 어떤 것이 더 신빙성이 있을지 결정하 는 것은 아직 유보적일 수밖에 없다. 왜냐하면 실증적인 자료

를 얻기 전에는 사실을 확정하기 어렵기 때문이다. 다만 추론
이 허용된다면, 일본측의 기록보다는 중국측의 기록에 더 비중
을 두고 싶다. 양이란 본디 한국의 풍토에 적응하기 어려운 동
물이다. 자연적 조건이 맞지 않은 지역에 양이 길러졌다면 그
것은 산업적 용도가 아니라, 어떤 특수한 목적이나 용도를 위
해서라야만 그것을 기르게 된다. 그러나 삼국시대의 사정으로
보아 굳이 양을 길렀어야 할 필요성을 발견하기 어렵다.

　다만 우리나라에 양이 들어온 것으로 확인되는 최초는 고
려 때다.『고려사』및『고려사절요』에 의종 23년(1169) 7월에
금나라에서 양 2천 마리를 보내온 것으로 기록되어 있다. 다
음은『고려사절요』에 있는 관련 기록이다.

　　　"금에서 양 2천 마리를 내렸는데, 그 중에 한 양이 4개
　　의 뿔을 가졌으므로 추밀사 이공승이 상서로운 짐승이라
　　하고 표문을 올려 축하하니 당시 사람들이 그를 사각승
　　선(四角承宣)이라고 조롱하였다."

　다음으로 고려 원종 4년(1263) 때 몽고로부터 양 5백마리
를 받았다. 또 충렬왕 때는 제주도에 소, 낙타, 나귀 등과 아
울러 양을 기르게 했다고 한다.『동사강목』제12 상, 충렬왕
2년 8월조의 다음 기록이 그것이다.

　　　"원에서 탐라를 방성(房星)의 분야라 하여 말 1백 60필
　　과 소·낙타·나귀·양을 갖다가 수산평(水山坪)에 방목

하였다.

『증보문헌비고』에는 위 기록과 동일한 내용의 글이 실려 있다. 다만 하나 특기할 만한 것으로는 위 기록이 『문헌비고』의 증보란 목장편에 실려 있다는 것이다. 즉 양을 목장에서 기르게 된 우리나라의 한 역사를 보여주고 있는 것이다. 그러나 상세하지는 않지만, 『고려사』에는 개성 주변의 목장으로 양을 길렀을 것으로 추정되는 지명이 있어 주목된다.

"양란목장에는 목장을 감시하는 요원으로 장교 2인과 병사 17명이 있다.
(羊欄 牧監將校 二 軍人 十七) 『高麗史』志 卷第三十七 兵三 看守軍條

그곳의 지명을 양라이라고 하고 있는 것으로 보아 양목과 결코 무관한 것으로 보기는 어렵다. 그렇다면 이미 고려조 때는 제주도 말고도 특정한 지역에 목장을 설치하여 양을 길렀음을 알 수 있다. 『조선왕조실록』에는 양장곶(羊場串)이라는 지명이 나온다. 『중종실록』3개처에 나오고 있는 양장곶은 경상도의 가덕도에 있는 지명이다. 중종 36년 7월 경상도 병사가 올린 장계의 내용은 다음과 같다.

"가덕도 양장곶에 큰 진을 설치하고 우질포와 서로 지원할 수 있는 진도 설치하여 안쪽지대의 각 진의 포구에

있는 군사 중에서 많은 사람을 나눠다가 지키게 한다면
가덕도 밖에는 파도가 세고 바위가 험해서 배를 정박시
킬 수 없으니 왜인들이 와서 오래 머물면서 노략질할 위
험이 적어질 것입니다. 가덕도에 진을 설치하고 왜놈이
해마다 보내는 배도 좌도의 동래 모로리에 판을 설치하
고 접대해야 할 것입니다.”

위 장계의 내용으로 보아 양장곶은 군사적 요충지로 여겨
졌던 듯싶다. 그러나 그 이전에 이러한 지명을 얻게 된 소이
는 그곳 주위에 양을 기르는 양장이 있었기 때문일 것이다.

이들 기록을 통해서 알 수 있는 바는 고려조 이래 조선조
에 걸쳐 양을 기르는 소위 양장(羊場)이 있었다는 사실이다.
『조선왕조실록』에 보이는 양과 관련된 지명은 이 외에도 평
안도에 있는 ‘산양회(山羊會)’, 함길도 길조에 있는 ‘양도(羊
島)’ 등이 더 있다.

조선조에 양에 관련된 기록은 여러 곳에서 산견되지만, 구
체적인 내용을 싣지 않았다. 따라서 이러한 단편적인 기록을
통해서 조선조의 양에 관련된 전체를 다 알려고 하는 것은
처음부터 무리다. 따라서 지금까지 얻을 수 있는 자료를 대
상으로 하여 간단히 그 실상을 엿볼 수 있을 뿐이다.

조선조에 와서 먼저 정종과 태종 때에 처음으로 양에 대
한 기록이 보인다.『정종실록』과『태종실록』에 의하면 당시
국가의 여러 가지 제도를 정하면서 국가적인 의례 역시 하

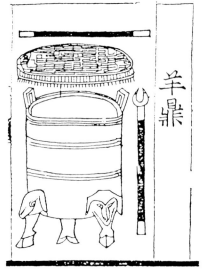

나의 의궤로서 정하게 되었다. 그 때 중국의 『홍무제법』을 규범으로 썼다. 그렇기 때문에 제사의 종류를 비롯해서 형식과 제물 등을 거의 그대로 따르고 있다. 『홍무제법』에 의하면

양을 제물로 바치기 위해 삶을 때 쓰는 솥

제물로 양이 쓰인 예가 많다. 이미 고려조 예종 때에도 중국의 제법을 들여오기는 했지만, 조선조 정종과 태종 때 대대적인 개편을 하였던 것이다. 그런 관계로 해서 조정이나 관청에서 주도하는 제사에서는 '양을 희생제물의 하나로 쓰게 되었던 것이다. 또 『세종실록』에도 양에 대한 기록이 여러 곳에서 보인다. 세종실록지리지에 나오는 지명이 그 하나요, 세종 때 제정된 오례의에 나오는 양정(羊鼎)이 그 하나다. 양정은 양을 삶는 가마솥이다. 그러나 그것은 단순한 가마가 아니라 제사를 모시면서 양을 제물로 바치기 위해 삶을 때 쓰는 솥이다.

또 당시 양이 약제로서 사용되었던 것으로 보인다. 세종 13년 3월 조정에서 논의된 내용을 보면 그것이 확인된다.

대신들이 왕에게 제의하기를,

『전날 신등에게 갈증을 멎게 하는 약제를 알아보라고 지시를 하셔서 의원에게 질의를 하여 보았더니, 의원이 말하기를 우선 먹는 것으로 다스려야 한다고 했습니다. 흰 수탉과 누런 암퉝, 양고기는 다 갈증을 멎게 하며, 구하기도 어려운 것이 아닙니다. 병아리는 인순부와 인수부, 내섬시와 예섬시에서 돌아가면서 날마다 바치고, 꿩은 매 허가증을 받은 사람들을 시켜 매일 잡아다가 바치며, 양은 4-5일만에 한 마리 정도 들 것입니다.』

라고 하였다. 이 말을 듣고 임금이 말하기를,

『어떻게 이처럼 저절로 보양을 하겠는가? 병아리는 계속바치기 어렵고, 꿩은 바치는 것이 있다지만, 양은 우리나라에 나지 않는 것이니 더구나 먹을 수 없다.』

라고 하였다. 대신들이 다시 제언하기를,

『양은 번식을 많이 하며, 그리고 약으로 쓰는 것이니, 우선 한 마리를 들여서 시험삼아 치료해 보시기 바랍니다.』

라고 하였다. 임금이 그래도 허락하지 않은 것을 대신들이 굳이 청해서야 말하기를,

『내가 시험해 보겠으나 다시 나의 지시를 기다릴 것이다.』

라고 하였다.

세종대왕과 신하들간에 나눈 위 대화에서 우리는 몇 가지 사실을 확인할 수 있다. 양고기가 약제로 인식되고 있다는 점, 우리나라에서 구하기 어렵다는 점, 그러나 양에 대한 상식을 가졌다는 점 등이다. 양이 우리나라에서 나지 않는다는 세종의 말은 전혀 없다는 뜻은 아니고 토종이 아니어서 드물다는 말로 생각된다. 특히 세종 당시에 제정된 제례방식에서, 앞에서 보았던 것처럼 양을 삶는 가마솥까지 있었던 것으로 보아 당시 우리나라에 양이 있기는 있었던 것이다. 양의 번식력이 뛰어난 것을 신하들이 상식적으로 알고 있었다는 것으로 보더라도 양이 전무하지는 않았을 것으로 보인다.

조선조에 지방에서 바치는 공물의 품목 중에서 특히 함경도와 평안도, 황해도, 그리고 경상도 등지에 양각(羊角), 양제(羊蹄) 등이 들어 있다. 그것들은 모두 약제 품목에 들어 있다.

한편 양털도 진상되고 있었다. 중종 11년 오월에 임금과 대신이 나눈 이야기를 보면 궁정의 옷을 짓는 상의원(尙衣院)에서 양모를 걷어들이는데 따르는 폐해를 지적하고 있다. 조선조에 양모가 붓을 만드는 데 뿐만 아니라 실제로 모직을 짜는 것으로까지 사용되었음을 본다. 그러나 그 대화 속에서 양이 많지 않다는 것을 알 수 있다.

조선조 후기에 속하는 순조 때 역시 양에 대해 거론이

되고 있다. 경상도에서 왕에게 올린 장계에 시속의 폐단을 지적하면서 그 중 하나가 양장(羊場)이라고 지적하고 있다.

> "양을 기르는 목장에 폐단이 많습니다. 폐지하기가 어려우면 양이 잘 되는 지역으로 양장을 옮기고 잘 기를 수 있는 사람들로 하여금 돌보게 해야 할 것입니다."

여기 양목장에서 길러지는 양이 어떤 용도로 사용되었는지에 관해서 기록하고 있지 않기 때문에 상세한 내용은 알 수 없으나, 특히 양목이라고 지칭하고 있는 것으로 보아서는 말이나 소와 함께 양을 기르는 목장이 아니라 별도로 양만을 기르는 전문적인 양목장이 있었던 것은 알 수 있다.

12지 신상의 양, 경기도 개풍 수락암등 고구려 고분 제 1호분 벽화. 양은 길흉화복을 알려주는 영물로 간주되어 성수로 여겼다.

지금까지의 기록으로 보아, 양은 고려시대에 우리나라에 들어와서 조선조까지 계속해서 길러졌으며, 그 용도는 다양했던 것으로 보인다. 첫째, 의식을 위한 제물로 쓰였으며, 둘째 약제로 사용되고, 세째, 실용적으로 모직을 짜거나 필모로 쓰였던 것이다.

우리나라의 가축사에서 양이 차지하는 비중은 매우 낮다. 대신에 양과 유사한 동물 또는 같은 동물로 취급되기조차 했던 염소는 우리의 생활 속에 함께 있었다. 동물학적으로 염소는 일명 산양(山羊)이라고도 한다. 양띠를 염소띠라고도 하는 것을 본다. 양띠인 사람을 방정맞다고도 하는 바, 이러한 말 속에는 양띠인 사람을 염소의 성질에 따라서 평가하는 의식이 깔려 있다.

한편으로는 양과 염소를 굳이 다른 동물로 여긴 사례도 찾아지기는 한다. 『대동야승』에 실린 송재만록 하권에는 다음과 같은 해설이 있다.

"고서(古書)에 '고(羔)라는 것은 양의 새끼다'고 하였다. 양의 또 다른 이름은 '羵羊主簿'라 하니 그러면 고와 양은 같은 것이다. 그런데 우리나라에서 이른 바 고는, 양과 몸둥이가 다르며 약간 작은 것이요, 또한 양에서 나온 것이 아니라 다른 종류라 하고 있다. 속명으로 '염소'라는 것은 고와 양을 다른 것으로 분별하기 위한 말이다. 이렇게 써온지 오래니 누가 분별할 수 있겠는가?"

옛날에 우리나라의 글쓰는 문인들 사이에서 양은 羊이라 쓰고, 염소를 이것과 구별하기 위해 羔라고 써온 것을 나무라는 속뜻이 실렸다. 즉 고는 새끼양을 이르는 말일 뿐 양과 다른 염소라는 뜻은 아니라는 것이다. 이 말에 의거해 보면 글자를 잘못 적용하기는 했지만, 우리 선인들 중에는 염소와 양을 구별해서 인식했던 사례가 있었음을 확인할 수 있다.

십이지에 속하는 양이 우리나라에서 일반적으로 염소로 생각되는 현상은 두 가지 측면에서 판단할 수 있다. 기계적 정밀성에 근거하여 잘못된 인식으로 간주하는 것과, 다른 하나는 문화적 변용으로 간주하는 태도다. 염소를 양으로 생각해버린 일반적 인식을 굳이 잘못이라거나 비과학적이라고 할 것인지, 아니면 당연히 양의 사육이 활발치 않았던 우리나라에서 경험권 내에 있는 염소와 혼동할 수 있었던 점을 사실 그대로 인정하고 받아들일 것인지는, 막연한 선택의 문제라기보다는 문화에 대한 태도나 인식에 따라 결정되어야 할 문제라 하겠다.

Ⅳ. 양에 대한 민속

1. 세시풍속(歲時風俗)과 양

세시풍속이란 일년을 주기로 순환되는 시간대 속에서, 일정한 날 또는 일정 기간에 그에 상응해서 치루어지는 민속적 행사나 행위 일반을 지칭하는 말이다. 따라서 양과 관련된 세시풍속이란 십이지상의 하나인 양이 배속된 해의 달이나, 그 달의 날에 맞춰 민간에서 행해진 민속 전체를 뜻하게 된다. 십이년을 주기로 양의 해가 돌아온다. 그러한 특별히 양의 해에 이루어지는 풍습이나 속신을 세시풍속이라고 하지는 않는다. 그것은 일년을 주기로 하는 세시풍속의 범위를 벗어나 있기 때문이다. 이러한 민속은 '양띠의 민속'일 것이다. 따라서 장을 달리하여 양띠와 관련된 민속은 다루게 된다(Ⅴ장 참조).

◇해와 달, 12동물을 나타낸 일월십이시도 속의 양.
12지간지 ⑧번째다

옛날에는 11월을 그 해의 첫달로 꼽았다. 동지달을 작은 설이라고 부르게 된 유래가 여기에 있다. 실제로 신라 소지왕 때 자월(子月, 음력 11월)을 정월로 정한 적도 있었다. 간지의 규칙에 따라 12지는 12월부터 맞춰나간다. 11월은 쥐의 달(子月), 십이월은 소의 달(丑月), 1월은 호랑이의 달(寅月) 하는 식이다. 이렇게 하여 양의 달은 유월에 해당한다. 계절적으로는 여름이다.

양의 달인 유월이 특별히 양과 관련되어 인식되는 것은

아니지만, 양의 식욕만큼이나 왕성한 기운이 대지를 감싸는
계절이다. 유월의 절일로는 유월 보름인 유두가 있고, 또 복
날이 있다.

장정룡(1988:191)은 유두(流頭)를 동쪽으로 흐르는 물에 머
리를 감는다는 뜻인 '東流水頭沐浴'의 준말로 볼 수 있다고
했다. 우리의 세시풍속에서 정월, 유월, 칠월, 팔월의 보름날
은 각기 명절로 쇠왔다. 유월 보름을 특히 유두라고 불러 옛
날에는 조상께 차례를 올리고, 하루를 쉬었다. 또 부정을 물
리치는 날로 여겼는데, 『동국세기기(東國歲時記)』에 보면 유
두면(流頭麵)이라고 하여 밀가루를 반죽하여 구슬모양으로
세 개를 만들어 오색물감을 들인 후 실에 꿰어 차고 다녔다
고 한다. 또 민속에서는 유두날 아침에 용왕제를 모시기도
한다. 논에 물을 대고 빼는 고랑에 대나무를 갈라·만든 쪽대
위에 떡을 올려 놓는다. 논고랑신인 용왕께 떡을 바침으로서
논의 물이 잘 조절될 수 있다는 믿음이 깔린 풍속이다.

유두는 그 명칭이 시사해 주듯, 세시풍속으로는 액을 방지
하기 위해 동쪽으로 흐르는 물에 머리를 감는다. 동쪽은 방
위가 시작하는 곳이며, 해가 떠오른다는 점에서 새롭다는 것
으로 해석된다. 민속을 이해하기 위한 하나의 준거는 시간과
공간이 늘 교체될 수 잇다는 믿음이다. 이를 시공일여(時空
一如)라고 불러둔다. 예를 들면 우리가 흔히 쓰는 말 중에
타계관이라는 말과 내세관이라는 말이 있다. 타계(他界)는
공간적 개념을 취해 다른 공간, 즉 저승을 의미하며, 내세(來

世)는 시간적 개념을 취해 역시 저승을 뜻한다. 공간을 취하든 시간을 취하든 뜻이 동일해지는 것은 시간과 공간이 둘이 아니라 하나이기 때문이다. 불경인『능엄경』에 따르면 세계(世界)라는 말은 시간(世)과 공간(界)이 만나 만들어진 말이고, 한자의 기원과 뜻풀이를 하고 있는『설문해자』에 따르면 우주(宇宙)라는 말 역시 공간을 뜻하는 우(宇)와 시간을 뜻하는 주(宙)가 모아 만들어진 낱말이다. 존재의 총체를 지칭하는 세계 또는 우주라는 말은 공간이나 시간 중 이느 하나를 취해 말하더라도 시공일여의 원리에 따라 대표성을 가지게 되는 것이다. 동쪽으로 흐르는 물은 따라서 방위로 보나 시간으로 보나 처음이며 새롭다는 점에서 주술적인 힘을 가진 것으로 믿어진다. 귀신을 물리칠 때 동쪽으로 뻗은 복숭아나무 가지를 꺾어 후려치는 풍속도 동쪽의 주력을 믿은 데서 온 것이다.

유두날 머리를 감는 민속은 이미 신라시대부터 있었던 것이라 한다. 고려시대의 월령체 노래인 "동동"에 보면 유월조의 가사는 아래와 같다.

> 六月ㅅ 보로매 아으 별해 보론 빗다호라
> 도라보실 니믈 적곰 좃노이다.
> 　　　　　　　　아으 動動다리

현대문으로 고치면 다음과 같다.

유월의 보름날에 아으 벼랑에 버린 빗같아라
돌아다보실 님을 조금이나마 좇나이다.
아으 動動다리

　유월 유두날에는 동쪽으로 흐르는 물에 나가 머리를 감고
나서 머리를 빗었던 빗을 벼랑 아래에 던져버린다. 그렇게
함으로써 몸에 붙은 잡귀를 쫓고 또 잡귀로부터 자신을 보
호할 수 있다고 믿었던 예방주술적인 풍속이 유두에는 있었
던 것이다. 동동에서 노래되고 있는 것도 자신의 신세를 버
려진 빗에 비유를 하고 있는 바, 이러한 비유가 성립되는 것
은 바로 그러한 풍속이 당시에 현실적으로 있었기 때문이다.
조선조 사람인 정동유(鄭東愈)는, 유두는 중국에도 없는 우
리나라 고유의 명절이라 하였다.
　유월은 大暑와 小暑가 들어 있는 달로 일년 중 가장 덥다.
하지후에 첫째 경일(庚日)이 초복, 둘째 경일이 중복, 세째
경일이 말복으로서 대개 음력 유월에 삼복이 든다. 여름에는
더운날이 계속되기 때문에 탈진되기 쉽다. 그래서 민속적으
로는 복다름이라 하여 개장국을 먹고, 또 국수를 삶아 먹기
도 한다. 특히 복날을 맞아 노인이 있는 집안에서는 고기류
나 면류를 준비하여 대접하기도 하고, 수박이나 참외 등을
푸짐하게 장만하여 대접도 하는 아름다운 풍속이 많다.
　우리 속담에 '복날 개 패듯 한다'는 말이 있다. 복날에 개
를 잡아 허한 몸을 보하기 위해 먹는 풍속에서 유래된 속담
이다. 개에 대한 민속적인 관념은 남한과 북한이 다르다. 북

한에서는 개고기를 상식하기도 하고, 제사상에도 개고기를 올린다. 그러나 남한에서는 개고기를 추한 음식으로 관념한다. 제사를 모신다거나 산고가 들 달에는 개고기를 먹지 않는다. 물론 정초에도 개고기를 삼가한다. 지금은 어느 때나 개고기를 팔고 있으나, 본디 남한에서 개고기는 여름철 복날에 먹는 것으로 되어 있었다.

한 때 개고기에 몸에 좋지못한 바이러스가 들어 있다는 보도가 있었다. 88올림픽을 앞둔 시점이었다. 그 배경은 영국의 어느 동물애호단체에서 개고기를 먹는 야만족이 사는 나라에서 열리는 올림픽에 참가하지 말라는 진정을 영국 정부에 올린 적이 있었는데, 이러한 정보를 접한 우리 정부에서 깜짝 놀라 개고기를 먹지 않도록 하기 위해 바이러스 운운 했던 것이다. 얼마 지나지 않아 그것이 거짓이었음이 드러나 웃음을 샀다.

개고기를 먹는 지역의 특징은 농경지대라는 것이다. 농경을 하는 지역에서는 흔히 동물성 단백질이 부족하다. 그래서 민속적으로 일정한 기간을 정해 부족한 동물성 단백질을 취한다. 대표적인 것이 식인 풍속이다. 우리가 일반적으로 생각하듯 식인종이 사람만 보면 잡아먹는 것은 아니다. 일년 중 일정한 기간 종교적 행사의 일부로서 사람고기를 먹는다. 이는 문화인류학적 현장조사를 통해서 밝혀진 것으로서, 전형적인 동물성 단백질 섭취의 한 방법이지만, 우리나라에서 복날 개고기를 먹는 것 역시 동물성 단백질 섭취를 위한 복날의 민속이었다.

최근 서양의 문화인류학자들은 역사적으로 보아 서양사람들이 식인종보다 훨씬 잔인했다고 말하고 있다. 수많은 전쟁을 치르면서 서양사람들이 보였던 대량학살의 역사적 범죄에 대한 반성이 담겨 있는 주장이다. 식인종은 기껏 몇 사람을 잡아 생존을 위해서 부족한 단백질을 섭취할 뿐이지만, 서양사람들은 지극히 피상적일 수 있는 종교나 이념문제 때문에 전쟁을 치르고 또 수많은 사람들을 학살했다는 것이다. 개고기를 먹는 풍속 역시 어느 누구도 손가락질을 할 수는 없다. 그것은 하나의 전통이었던 것이다. 우리 민족이 말고기는 먹지 않는다. 기마민족문화의 영향을 역사적으로 입었기 때문이다. 우리가 먹지 않는 것을 서양사람들은 먹는다. 먹거리란 전통이기 때문에 함부로 어떤 일의적인 기준을 정해 비난할 것이 못된다. 서양의 경우는 수렵채취기의 문화적 양식이 전통이 되고 있다. 수렵을 위해 필요한 동물은 개다. 그래서 개를 잡아먹지 않았다. 마치 기마민족문화의 영향을 입은 우리가 사회적으로 필요한 말을 잡아먹지 않은 것과 같은 맥락에서 이해되어야 하는 것이다.

한편 신년 들어 맨 처음 양의 날을 상미일(上未日)이라 한다. 상미일에 대한 민속은 거의 찾아보기 어렵다. 일반적으로는 길일(吉日)로 여겨 이 날은 어떤 일을 하여도 탈이 붙지 않는 날로 믿는다. 다만 전남지역의 일부 해안 도서지역에서는 염소가 방정맞다고 해서 배를 바다에 내지 않는다고

한다. 또 제주도 지역에서는 '미불복약(未不服藥)'이라 해서
상미일에는 약효가 없는 것으로 생각해서 약을 먹지 않는다.
양은 병에도 강하며, 식욕이 좋아 잘 먹기 때문에 매우 건강
한 동물에 속한다. 영양식이 건강식인 관계로 따로 약을 먹
을 필요가 없는 가축이다. 특별히 양에 관한 세시풍속은 많
지 않지만, 이상 두 예에서 보면 양의 어떤 속성에서 유추해
서 풍습을 낳고 있는 예가 보인다.

양에 대한 독립적인 세시풍속은 아니지만, 연초에 마을 단
위로 지내는 동제(洞祭)나 집안 단위로 하는 재수굿에서 오
곡과 육축의 풍작과 번성을 비는 일은 흔하다. 육축의 하나
에 양 또는 염소가 들어 있는 것으로 보면, 이 역시 하나의
전체 속에 소속되어 세시풍속과 양이 연계되어 있는 것으로
생각된다.

양과 관련된 독특한 풍속 중 하나는 양의 뼈로 세시와 시
간을 정하는 것이었다. 이익은『성호사설(성호사설)』제29권
시문편 양갑중주조(羊胛中酒條)에서『송사(宋史)』를 인용하
여 다음과 같은 내용의 글을 적고 있다.

"『통전(通典)』에 골리간(骨利幹)이라는 나라는 양갑(羊
甲) 하나를 삶아 겨우 익을 무렵에 동방이 이미 밝는다고
하였다.『자치통감(資治通鑑)』및『당서(唐書)』에는 갑(胛)
을 비(脾)자로 썼다. 그리고『당서』천문지(天文志)에는
비(髀)자로 썼다. 그러나 구양수와 황정경 등 여러 문인들
의 시에서는 대부분 압운을 좇아 입성(入聲)으로 하였으

니 통전에 의거하는 것이 옳다. 상고하건대 『송사(宋史)』
에 영종(寧宗) 가정(嘉定) 13년에 몽고 사람 야율초재가
달력을 바치고, 그것을 양갑을 불에 구워서 맞추어 보았
다고 했으니, 양갑을 불에 달구어 세시와 시각을 서로 맞
추어 징험하는 일이 있었던 모양인데, 이제 와서는 그 일
을 상고하기 어렵다."

　양갑이란 양의 어깨뼈를 말한다. 골리간이라는 나라는 북
해의 바깥쪽에 치우친 나라로서 밤은 짧고 낮이 긴 곳이어
서 양의 어깨뼈가 익기도 전에 날이 샐 정도였다고 한다. 그
러나 이것은 양갑을 삶는 것에 초점을 둔 것이 아니라, 그
양갑을 삶는 시간을 시각으로 인식하는 일종의 시간계측기
로 그것을 썼던 것이다. 이러한 풍습은 몽고를 통해서 중국
에도 들어왔던 일로, 이익은 『송사(宋史)』의 내용을 인용하
고 있다. 즉 송나라 때 몽고사람이 달력을 보내면서 세시와
시각을 측정하는 방법을 함께 알려주었는데, 그것은 양의 어
깨뼈를 불에 달구어 터지는 정도를 따라 시각을 정하는 것
이었다고 한다. 구양수의 시 중의 하나인 '謝觀文王尙書惠西
京牡丹詩'에도 이러한 사실이 들어 있다. 즉 "이미 온 삼십
년 세월을 느끼지 못했으니 세월의 흐름이 겨우 양의 어깨
뼈가 익는 순간 정도구나(爾來不覺三十年 歲月纔如熟羊胛)"
란 시구가 그것이다.

2. 신앙과 양

1) 제물로서의 양

고려와 조선조에 주로 제물용으로 양이 사용되었다. 이러한 풍속은 고려시대 중국 송나라에서 제법을 받아들이면서 시작된 것으로서 일반 산업용으로가 아니라 순수하게 제물로 바치기 위해서 국가에서 양장(羊場)을 경영하며 양을 길렀던 것이다. 중국의 의궤(儀軌)인 오례의(五禮儀)를 받아들여 한국의 제법을 삼았기 때문에 법식뿐만 아니라 제물까지도 중국의 그것을 그대로 따르기 위해 우리나라에 없는 양을 별도로 길러 제물로 썼던 것이다.

예를 들면 여제(厲祭)에 대한 다음 기록이 참고된다.

<중국>

"홍무 삼년에 서울 태려의 제사 법식을 제정하고 원무호에 단을 설치했다. 매년 청명일과 시월 보름에 관리를 파견하여 제사를 관장토록 했다. 제사를 모시기 이레 전에 서울의 성황신을 맞았으며, 제사날에는 서울의 성황신위를 단 위에, 제사를 받지 못하는 여귀 등은 단 아래의 동서에 모셨다. 제물은 양 세 마리, 돼지 세 마리, 그리고 쌀 석 섬이었다." (洪武三年定制京都祭太厲 設壇元武湖中 歲以淸明及十月朔日 遣官致祭 前期七日檄京都城隍 祭日 設京城城隍神位於壇上 無祀鬼神等位於壇下之東西 羊三豚

三飯米三石)

<한국>

"매년 봄 청명일과 가을 칠월 십오일, 그리고 겨울은 시월 초하룻날 제사를 받아먹지 못하는 귀신을 위해 제사를 올렸다. 성의 북쪽 교외에 설단을 하였으며, 제물로 서울에서는 양 세 마리, 돼지 세 마리, 그리고 쌀 45되를 썼다." (每歲春淸明日 秋七月十五日 冬十月初一日 祭無祀鬼神 其設壇於城北郊間 祭物京中牲用 <u>羊三豚三飯米四十五斗</u>)

우리나라에서 양이 제물로 쓰인 것은 관에서 주관하는 제례에서만이었다. 민간에서 그 예를 찾기는 어렵다. 전남 완도 장좌리의 당제에서 염소가 제물로 쓰인 예가 있다고는 한다. 그러나 본래 소를 잡아 제물로 써왔으나 일제 말엽 몹시 어려웠던 상황에서 소를 대신해서 경비 절약을 위해 한 번 염소를 잡아 제물로 썼을 뿐이었다는 것이다.

앞에서도 말했던 것처럼 고려조에 중국 송나라의『홍무제법(洪武祭法)』을 받아들여 규범을 삼았던 관계로 토산품이 아닌 양을 제물로 썼던 것이다.

『조선왕조실록』에 의하면 세종조 때 우리나라의 제사예법으로 오례의(五禮儀)가 제정되었으며, 그 사실과 내용이 모두『세종장헌대왕실록』제128권에 실려 있다. 그 중에서 양과 관련된 내용은 제물로 쓸 양을 삶는 가마와 또 양을 제물로 쓰는 제사 등을 밝혀놓고 있다.

㉠ 양을 삶는 세 발 달린 솥

"송나라 『반악도』에 이르기를 양을 삶는 세 발 달린 가마는 아가리의 직경과 밑 직경이 다 1자이고, 깊이는 1자 3푼이며, 용량은 5말이다고 하였다."

㉡ 제물

"사직단에 임금이 친히 지내는 제사는 소 1마리, 양 4마리, 돼지 4마리이고, 대리로 지내는 제사에는 소 1마리, 양 1마리, 돼지 4마리를 제물로 쓰며, 빌거나 보답하기 위한 제사에는 각각 돼지 1마리이다.

종묘에 임금이 친히 지내는 제사에는 소 1마리, 양 5마리, 돼지 1마리이며, 칠사(七祀)와 공신에게 지내는 제사에는 돼지 1마리를 제물로 바친다. 종묘에서 대리로 제사를 모실 때는 소 1마리, 양 1마리, 돼지 5마리를 쓰며, 칠사와 공신에게 지내는 제사에는 각각 돼지 1마리를 쓴다.

명절이나 초하루 및 보름에 귀신에게 빌거나 보답을 위해 고사를 지내는 경우에는 돼지 1마리를 쓰고, 바람, 구름, 우뢰, 비 등의 귀신과 산천, 성황신께 올리는 제사에는 양 3마리, 돼지 3마리를 쓰며, 기우제에는 돼지 1마리를 쓴다.

영성에는 돼지 1마리를 올리고, 명산대천과 바다에는 각각 양 1마리, 돼지 1마리를 쓴다. 명산대천에서 올리는 기우제에 쓰는 짐승은 돼지 1마리이며, 비가 내리면 올리는 보답하는 제사에 역시 돼지 1마리를 쓴다. 기청제에 쓰는 제물도 기우제와 같이 돼지 1마리를 쓴다.

농신에게 지내는 제사에는 소, 양, 돼지를 각각 1마리씩 올리며, 대리로 지낼 때 역시 같다. 누에귀신에게 올리는 제사에는 양 1마리, 돼지 1마리를 쓰며, 우사단 제사에는 양, 돼지 각각 3마리다.

공자사당에 세자가 지내는 제사에는 소, 돼지 1마리씩이고, 관청에서 지내는 제사도 같다. 고을들에서 공자의 사당에 지내는 제사에는, 유후사나 각 중심이 되는 고을에서는 양, 돼지 각각 2마리, 지사가 있는 고을은 양, 돼지 1마리, 현령이 있는 마을은 양, 돼지 각각 1마리를 올린다. 또 단군, 기자, 고려시조에 지내는 제사에는 각각 양, 돼지 1마리씩을 쓰고, 추위귀신, 말귀신, 맨먼저 말을 기른이, 마구간 귀신, 말을 해치는 귀신에게 지내는 제사는 각각 돼지 1마리를 쓴다.

대체로 제사에 제물로 쓸 짐승은 다 척궁에서 기른다. 큰 제사에 쓸 짐승은 90일 동안, 중간급은 30일 동안, 그리고 작은 제사에는 10일 동안 기른다. 빌거나 보답하는 제사에 제물로 쓰는 짐승은 기르지 않는다. 제물로 쓸 모든 짐승은 때려서 손상을 입혀서는 안된다. 죽으면 파묻고, 병이 들면 다른 짐승으로 바꾸어야 한다.”

이상과 같이 『오례의』에 의하면 우리나라에서도 양이 제물로 쓰인 예가 많았다. 그러나 중국 한족의 전통적인 제례에서는 양이 중요한 제물로 올려졌던 것에 비해서, 우리나라에서는 오히려 일반적으로 돼지를 제물로 쓰는 예가 더 많

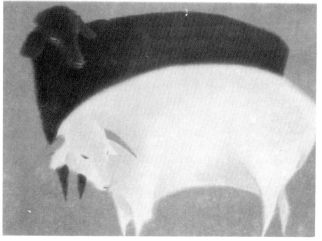

◇(상) 두마리의 양 : 공민왕 그림. 고려 간송 미술관 소장.
　(하) 양 : 민경갑 그림. 평화와 온정의 상징으로 양이
　　　그려진다.

앗다. 특히 위에서 보듯, 유교에서는 금기로 삼고 있는 기복

을 위한 제사에서 양을 제물로 쓰지 않는다고 했다. 그것은
우리나라 고유의 제례로서 이 경우 돼지를 제물로 쓰는 것
이 통례였던 것이다. 중국의 철저한 유교식 제법은 양을 쓰
는 것을 원칙으로 하였으며, 기우제나 기청제와 같은 우리의
토속적인 기복신앙의 경우는 주로 돼지가 제물로 바쳐졌던
것이다.

12지 신상 탑돌
통일 신라. 경북 월성 하구리 폐사리 출
토. 양은 정직과 평화의 상징이다. 국립
경주 박물관 소장.

　본디 종교적인
의식은 매우 보수
적 성향이 짙다.
중국의 한족이 그
들의 민족적·문
화적 정통을 유목
민계통인 주나라
에 두었던 까닭에
양을 중요한 제물
로 사용했 왔던
것이다. 그러나 우
리나라는 오랜 옛
날부터 유목과는
거리가 먼 농경민
적 생활을 영위해
왔다. 특히 우리나라에서 즐겨 제물로 쓰이는 돼지는 우리
민족과 뗄 수 없는 역사적인 관련을 맺고 있다. 우리 민족이

퉁구스족인 것은 누구나 안다. 그 퉁구스라는 말은 우리말과 공통 조어(祖語)에서 파생한 터어키어에서 돼지라는 뜻으로 사용되고 있다. 퉁구스족은 곧 돼지를 조상신으로 한 족속이었던 것이다. 중국의 『三國志』를 비롯한 많은 사서(史書)들에서도 우리나라의 옛날 풍속을 기술하면서 돼지고기를 먹고, 그 가죽으로 옷을 해 입었으며, 기름으로 불을 밝히기도 하고 또 몸에 발라 겨울에는 추위를 이겼다는 내용 등을 기록하고 있다.

화순군 쌍봉사 칠감선사 부도(국보 제57호) 탑신에 띠동물을 양각했다.

민간에서는 주로 돼지가 제물로 사용되었고, 궁중을 비롯한 관제(官祭)에서는 양이 제물로 사용되었던 예는 단순한 역사적 사실 이상의 의미를 우리에게 시사해 주고 있다. 즉 이원적인 문화구조 또는 표층문화와 심층문화의 상이점을 보여주는 사례인 것이다.

2) 호석(護石)으로서의 양

통일신라 경덕왕 때부터 왕이나 왕족의 무덤 주위를 두르는 돌에 12지의 방향에 따라 해당되는 동물을 새겨 세운 것이 있고, 또 탑이나 부도 주위에 십이지상을 새긴 것 등이 있다. 이것을 호석이라고 한다. 도교류의 삼방(三方), 주역의 사방(四方), 음양오행의 오방(五方)과 함께 방위 전체를 뜻하는 것으로 띠라는 말도 여기에서 나온 것이 아닌가 한다. 십이지는 여기서 단순히 방향을 뜻하는 것에 그치지 않고, 지역수호신으로서의 기능이 부가된 것이었다. 그래서 각 12지 동물들을 신장(神將)의 모습으로 새겨 세우고 왕릉과 탑파를 지켜주는 수호신으로 모시게 되었다.

왕릉을 감싸고 있는 호석은 중국에도 없는 신라 고유의 유적으로 인정되고 있다. 비록 중국에서 12지신상을 받아들이기는 했지만, 그것을 주체적 문화 창달의 한 형태로 재창조해낸 것으로서 높이 평가되는 유물유적이다. 신라사회는 매우 특수하리만큼 호국신이나 지역수호신의 사상이 발달해 있었다. 따라서 이미 신라시대에 장승이 세워지고, 절의 사천왕상, 또 국가에서는 오악삼산신(五岳三山神), 사해·사악·사도·사문·사독(四海·四嶽·四道·四門·四瀆)의 방위신(方位神), 그리고 불교의 호법룡(護法龍)을 개량한 호국용 사상까지 발전을 보았다.

3) 양석(羊石)으로서의 양

양석은 돌로 양의 형상을 조각하여 무덤의 앞쪽 양면에 세운 것을 말한다. 이것이 무덤을 수호하는 것으로 믿어서 세력이 있는 집안에서는 호석(虎石) 또는 마석(馬石)과 좌우 짝을 맞춰 함께 세우기도 했다.

무덤에 세우는 것과는 다르지만, 중국의 전설에 양석에 얽힌 이야기 하나가 전한다. 옛날 중국의 장사현(長沙縣)에 감소경(咸少卿) 이라는 사람이 살았다. 그는 오랫동안 도를 닦으면서 양을

납석 12지 신상의 양 : 통일신라. 경북 경주 민애왕릉 출토. 양은 영검스러운 동물로 여겨져 제물로 바쳐진다. 국립 경주 박물관 소장.

기르고 있었다. 그런데 어느날 감소경은 신선이 되어 승천을 하게 되었다. 감소경이 승천을 하고 나자 그가 기르던 양은

모두 돌로 변해 양석이 되었다는 것이다. 주인은 승천을 하여 유한한 생명을 극복하고 영원한 생명을 얻었다. 그를 따르던 충직한 양들 역시 승천은 하지 못했지만, 돌로 변해서 오랫동안 남아 있어 그 주인의 흔적을 뒷날까지 전해주게 된 것이다.

4) 占具로서의 양

예로부터 동물의 뼈는 점구로서 사용되었다. 가장 널리 쓰인 것으로서는 거북이, 소, 말 등이지만, 양의 뼈 또한 점구로서 사용된 예가 많았다. 우리나라에서는 그 예를 찾기가 어렵지만, 몽고를 비롯한 유목지역에서 양은 가장 중요한 가축으로서 신에게 바치는 제물로 쓰이기도 했지만, 그 뼈로 신의(神意)를 묻는 점구로 사용하기도 했던 것이다.

3. 의료와 양

1) 의서(醫書)에 나타난 양

(1)『본초강목(本草綱目)』

양고기는 보중익기(補中益氣)하며, 성은 감(甘)하고 대열(大熱)하다. 양고기는 일종의 보혈강장을 위한 음식으로 민

큰뿔을 가진 양, 육식동물들이 공격적인 날카로운 이빨과 발톱을 가진 것에 반해서, 초식동물들은 방어를 위해 뿔을 가졌다.

어졌다. 그래서 몸이 허한 사람은 양고기를 먹거나 달여서 고를 내서 먹는다. 그러나 열이 많은 음식으로 간주되어 몸에 열이 많은 사람이나 열을 피해야 할 사람은 먹지 않는 것으로 되어 있다.

(2) 『규합총서(閨閤叢書)』

양고기는 허랭한 사람에게는 성약이지만, 성이 극히 뜨거우니 어린애나 아이 가진 여자는 먹지 못한다.

(3) 『천금방(千金方)』, 『외대비요(外台秘要)』

양의 목밑샘(갑상선)으로 갑상전종을 치료할 수 있다. 양의 특정 부위인 목밑샘을 달여 먹이면 갑산선을 앓고 있는 사람의 병을 치료할 수 있다고 한다. 이는 일종의 주술적 의료관념이 배어 있는 것으로 간주된다. 마치 허리뼈가 아픈 사람이 허리뼈의 모습을 하고 있는 지네를 먹으면 허리가 낫고, 두부를 먹으면 살이 찐다는 것과 같은 민간의료적인 관념이 들어 있는 것이다.

(4) 『당본초(唐本草)』

양의 피는 혈허(血虛)와 산후 피의 부족에 특효가 있다.

2) 민속 의약으로서의 양

민간의료나 한방에서 우리나라의 토종인 염소를 양이라 하여 한 마리 전체를 다른 약재와 함께 보약으로 고아 먹는 경우도 있고, 병에 따라 부위별로 약효가 닿는 것으로 믿어 약재로 사용하기도 한다.

(1) 흑염소: 염소 중에서도 흰염소보다는 흑염소가 보혈과 강장에 좋은 것으로 믿어지며, 특히 여성의 몸에 좋은 것으로 믿는다. 전국적으로 유명한 전남 완도군 약산도의 흑염소는 그 지역에서 자생하는 야생 약초인 삼지구엽초 (三枝九葉草)를 먹고 자라기 때문에 다른 지역의 흑염소와는 달리 혓바닥이 거므스레함이 특장이다. 옛날부터 약산의 흑염소는 궁중의 보약으로 쓰였을 만큼 유명하며

약효가 좋다고 한다.

(2) 고기: 양고기는 살결이 고와지게 하며, 산후의 여성에게 유익하다. 산후에 젖이 잘 나지 않을 때는 양고기와 으름을 함께 달여서 먹는다.

(3) 머리: 한방에서 허한 것을 보충하는 보약제와 안심제로 사용된다.

(4) 갑상선과 위: 양의 목밑샘이 갑상선종에 효험이 있으며, 양의 위는 위장병에 효험이 있다.

(5) 피: 보혈제로 좋다.

(6) 양란(羊卵): 양의 고환은 방사부진(房事不振)이나 정력이 부족한 사람에게 효과가 있고, 성기능이나 정력을 증강시킨다.

(7) 뿔: 민간의료에서 해열재로 사용된다.

(8) 간: 한방에서 간풍(肝風) 간랭(肝冷) 등의 약재로 쓰인다.

(9) 양고주(羊羔酒): 살구씨를 잘 삶아서 쓴물을 뺀 다음 양이나 염소고기와 함께 끓여 즙을 내고 목향(木香)을 넣어서 버무린 다음 다른 물을 넣지 않고 익힌 술이다. 민간에서는 위를 튼튼히 하며, 기를 돋우는 것으로 믿어 약주로 쓴다.

4. 기타

봉수홍등(烽燧紅燈)

이익의 『성호사설』에는 염소의 뼈를 붉게 물들여 만든 홍
등을 봉수대에서 신호를 위해 사용했던 사실이 소개되어 있
다.

"옛날 봉수를 만든 제도는 변방에서 서울로 통하기도
하고, 서울에서 외방으로 통하기도 하여 각 고을 군사를
일으켰던 것이다. 이는 주나라 유왕이 봉화를 들었다는
사실을 봐도 알 수 있다. 『구씨연의』에는, 붉은 등불로 봉
수를 만드는 제도가 있는데, 이는 바람이 불거나 비가 온
다 해도 쓸 수 있다는 것이다. 만드는 방법은 염소의 뿔
이나 물고기의 머리뼈에다가 붉은 물을 들여서 만들면
바람과 비를 피할 수 있고, 또 느리게 하고 빠르게 하는
것은 많고 적음을 알리는 뜻으로 적당히 쓰일 수 있다고
하였다."

V. 민속문학에 나타난 양

1. 설화

　양이 설화나 민요 속에서 말해지고 노래된 예는 많지 않다. 구비문학은 대개 가장 가까운 일상 속에서 소재를 구하는 경향이 짙은 바, 양은 우리의 전통적인 생활과 다소 거리가 멀었기 때문에 이러한 현상이 나타난 것이 아닌가 싶다.

1) 백양사(白羊寺)의 전설

　전남 장성군 북하면 약수리 백양산(일명 백암산)에 있는 백양사는 인근 내장산과 더불어 가을을 곱게 물들이는 단풍으로 유명한 고찰이다. 백제 무왕 33년(632) 여환(如幻)이라는 승려가 창건하여 백암산 백양사라 하였다. 그후 고려 덕종 3년(1034)에 중연(中延)이 중창을 하여 정토사라고 개칭을 하였으며, 충정왕 2년(1350)에 각진국사(覺眞國師)가 3창을 하였다. 다시 백양사로 이름이 바뀐 것은 선조 7년(1574) 때의 일이다. 당시 한 고승이 이곳에 머물면서 법화경을 독송하니 경을 읽는 소리를 듣고 백양들이 몰려오는 일이 많아 절 이름을 다시 백양사로 고치고, 고승의 법명도 환양(喚羊)이라고 했다 한다. 다른 일설에는 숙종 때 운문암(雲門庵)에서 법회가 열렸는데 백양 한 마리가 산에서 내려와 설법을 듣고 눈물을 흘리며 사라진 뒤 정토사로 불리던 절 이름을 고쳐 백양사로 개칭하였다고 전한다.

2) 양의 가죽이 제일 무섭다.

아래 이야기는 경기도 강화군(정문연, 한국구비문학대계 2- ; 625-629)에 전해오는 것을, 그 줄거리를 거의 살리면서 표준어로 새롭게 고쳐 적은 것이다.

옛날 평양감사는 전라감사와 함께 전국 으뜸으로 쳤다. 색향으로 이름난 평양의 감사와 물산이 풍부한 전라도의 감사 자리가 좋았던 것이다. 그런데 언젠가 영문을 알 수 없는 일이 일어났다. 평양감사가 새로 부임해가면 그날 밤 감사가 죽거나 아니면 그 부인이 오간데 없이 사라져 버리는 것이었다. 평양감사를 하는 것이 모든 벼슬아치들의 소망이기는 했지만, 이러한 일이 계속해서 벌어지다 보니 누구도 이제 평양감사로 가려는 사람이 없었다. 그렇다고 감사 자리를 비어놓을 수도 없는 일이고 해서, 하는 수 없이 조정에서는 전국에 방을 붙여 평양감사로 갈 사람을 찾았다.

시골에 사는 서생 한 사람이 평생 과거공부를 하였으나 과거를 보기만 하면 낙방을 하곤 하였다. 그러던 차에 조정에서 붙인 방을 보게 되었다. 소문이 전국에 퍼져 있어 그 사람도 평양감사로 가면 그날밤 변을 당한다는 사실을 익히 알고 있었으나 공부를 하여 벼슬길에 오르는 것이 어렵다고 생각하고 평양감사를 자원하게 되었다. 그는 기골이 장대하고 담력이 뛰어난 사람이었기에 그러한 결단을 내리게 되었던 것이다.

가족을 거느리고 정해진 날 평양으로 가서 감사로 부임을 하였다. 관아 관속들의 눈치가 심상치 않았다. 그도 그럴 것이 내일 아침이면 죽어나갈 감사이기 때문에 신통치 않게 대접을 하였던 것이다. 새로 부임한 감사는 짐짓 그런 줄을 알면서도 태연했다.

부임한 날 밤 감사는 사령들을 시켜 백 량을 주고 양초를 사오게 하여 동헌 주변을 대낮처럼 훤히 밝혀 놓았다. 그리고는 동헌 옆 방에 부인을 자도록 하였다. 부인이 자고 있는 방에는 아홉겹의 병풍을 둘러쳐 놓았다. 감사는 동헌에 칼을 찬 채 위엄을 갖추고 좌정을 하고 있었다. 이윽고 자정이 가까와 오자 오싹한 기운이 동헌 주위를 감싸는 느낌을 받았다. 그런 중에 갑자기 돌풍이 이는가 싶더니 낮같이 밝혀 놓았던 촛불들이 일순에 모두 꺼져버렸다. 밝다가 어두워지니 더욱 캄캄해서 사방 한치조차 분간할 수가 없었다. 감사는 당황했지만, 워낙 담력이 있는 사람이라 혼절하지는 않았다. 전에 감사로 부임했던 사람들은 그 순간 정신을 잃으면서 죽고 말았던 것이었다. 감사는 곧 정신을 가다듬고 나졸들을 불러모아 주변을 조사했다. 감쪽같이 아홉겹 병풍 속에 있던 부인이 없어진 것을 발견했다.

감사는 속으로 옳거니 했다. 왜냐하면 혹시나 싶어 그날 밤에 명주실 한 타래를 부인의 옷깃에 달아 놓았던 것이다. 생각했던 대로 명주실 한 타래가 거의 풀려나가 있었다. 날이 밝은대로 감사는 장졸들을 거느리고 명주실을 따라 나갔다. 명주실은 산속을 따라 풀려가고 있었다. 산속으로 얼마큼을 따라 올라가자 거대한 바위가 있는데, 그 바위 속으로 명주실이 들어가 있었다. 바위가 얼마나 큰지 그것을 깨뜨릴 방도가 없었다. 그래서 감사는 하는 수 없이 그 자리를 지켰다. 수일이 지난 후 보름이 되었다. 보름달이 중천에 이르자 바위가 두 쪽으로 나뉘면서 문처럼 열리는 것이었다. 알고보니 그 바위는 한달에 한번 보름달이 뜨면 열리는 것이었다.

담이 큰 감사는 몰래 바위 속으로 들어갔다. 바위 속으로 긴 굴이 나 있었다. 한참을 따라 들어가 보니 마치 굴 밖의 세상처럼 경치가 좋은 한 세계가 거기에 있었다. 감사는 주변을 두리번 거리면서 숨어 있을 곳을 찾았다. 마침 우물이 있고 그 옆에 큰 버드나무가 있었다. 그래서 감사는 얼른 나무 위로 올라가 숨었다. 숨어서 사방을 둘러보고 있을 때 자기의 부인이 물동이를 머리에 이고 나타났다. 몹시 반가웠지만 행여 들킬까 싶어 소리를 지를 수가 없었다. 생각끝에 감사는 버들잎을 훓어 부인이 물을 깃는 바가지에 띄웠다. 부인은 의심없이 버들잎을 건져내고 물동이에 물을 부었다. 그래서 다시 한번 그렇게 해보았으나 마찬가지 였다. 세번째 그렇게 하자 부인은 이상한 듯싶어 머리를 들어 나무 위를 쳐다봤다. 감사가 낮은 목소리로 자신을 알렸다. 부인은 깜짝 놀라면서,

"어떻게 여기를 들어오셨느냐?"

고 물었다. 감사는 그간의 일을 설명했다. 부인은 얼굴이 어두워지면서,

"나를 잡아온 괴물에게 잡히면 죽을테니 빨리 도망을 치세요."

하고 재촉을 하는 것이었다. 그러나 감사는 걱정하는 빛이 없이 부인에게,

"아, 그래도 내가 대결을 해서 그놈을 죽이든지 살리든지 해야지 이대로 갈 수는 없다."

고 말했다. 그러나 부인은 다시 말하기를 그 괴물이 얼마나 크고 힘이 센지 인간으로서는 누구도 당할 사람이 없다고 하면서 어서 굴에서 도망을 치라고 재촉하며 발을 굴렀다. 감사는 아무리 그렇다치더라도 그냥 나갈 수는 없다고 하고 부인에게 물었다.

"지금 들어가거든 그놈에게 물어라, 이 세상에서 무엇이 제일 무엇인지를 물어서 그것을 나에게 알려달라."

남편의 결심이 굳은 것을 알고는 그렇게 하마고 말하고 부인은 물을 길어 집으로 들어갔다. 부인이 안으로 들어가자 그 괴물 앞에 가서 갖은 아양을 떨었다. 마음이 흐트러진 것을 느낀 부인이 이윽고 물었다.

"당신은 세상에서 무엇을 가장 무서워 하시나요."

"나는 아무 것도 무서운 것이 없다. 나보다 무서운 것은 세상에 없다."

"그러나 한 가지는 있을 것 아니에요?"

아무리 감사의 부인이 여러 차례를 물었으나 영 대답을 듣지 못했다. 감사의 부인은 안되겠다 싶었다. 잠자리를 하고 자리에 들었다. 그 사람이 옆으로 다가오자 획 돌아 누웠다. 이불을 둘둘 말고 머리조차 거북이처럼 속으로 감춰버렸다. 그러자 이내 물었다.

"무엇 때문에 그것을 알려고 하느냐?"

"무엇이 무서운 지를 알아야 그것을 내가 방지하고, 또 아내로서 어떻게 도움을 줄 수도 있고 하지 않겠어요"

이렇게 내뱉듯 말하는 것이었다. 그러자 이내 괴물이 입을 열어 말하기 시작했다.

"한 가지가 있기는 있지."

"그것이 무엇인지요?"

"나는 세상에서 아무 것도 두려울 게 없으나 양이 무섭다."

"예?"

"양이 무섭단 말이다. 양의 가죽이 내 몸에 닿기만 하면 나의 몸이 썩어 죽게 된다."

이렇게 하여 감사의 부인은 비밀을 알아내서 다음날 나무 속에 숨어 있는 남편에게 그 사실을 알려 주었다. 그러나 감사는 양가죽을 구할 방도가 없었다. 곰곰히 생각하던 끝에 허리에 차고 있던 칼집이 생각났다. 그것은 양가죽으로 만든 칼집이었던 것이다. 감사는 칼집을 풀어서 부인에게 주었다. 밤이 깊기를 기다렸다가 부인은 잠을 자고 있는 괴물의 살에 칼집을 갖다 댔다. 그러자 순식간에 살이 썩어들어가면서 죽고 말았다.

그렇게 해서 괴물을 죽이고 보름달이 떠 그 바위문이 다시 열릴 때를 기다렸다가 감사는 부인을 구해 밖으로 무사히 나와 오래동안 평양감사를 지내면서 부귀영화를 누렸다고 한다.

3) 염소와 형제

아래 이야기는 경상북도 선산군(정문연, 한국구비문학대계 7-16; 625-629)에 전해오는 것을 그 줄거리를 거의 살리면서 새롭게 옮겨놓은 것이다.

옛날에 흥부와 놀부 이야기와 비슷한 집이 있었다. 잘사는 형은 따로 살고, 못사는 동생은 늙은 어머니를 모시고 살고 있었다. 동생의 집은 형편이 궁색하여 끼니조차 제대로 잇지를 못하고 있었다. 며칠동안 어머니에게 죽 한 그릇 따뜻하게 올리지 못한 동생은 궁리 끝에 형을 찾아가기로 했다. 형에게 가서 사정 이야기를 하고 보리라도 두어 되 얻어다 보리죽을 끓여 어머니를 공양하기로 결심을 하고 형을 찾아갔다.

마침 형의 집에서는 팥죽을 쑤어서 가족들이 먹고 있었다. 동생이 들어가자 형은 팥죽 두 그릇을 주면서 어서 먹으라고 하였다. 동생은 허기가 진 참이라 순식간에 한 그릇을 비우고 나머지 한 그릇은 남겨두었다.

"나머지 한 그릇도 마저 먹어라."

형이 동생에게 말했다. 동생은 먹고 싶은 마음은 꿀떡같았으나 가져가 어머니에게 드릴 마음으로 아꼈기 때문에 형에게 그렇게 말했다.

"네가 갈 때 팥죽을 많이 줄테니까 어서 먹도록 해라. 보리쌀도 넉넉히 주마."

형이 이렇게 말하고, 또 옆에 있던 형수도 그렇게 권했다. 그러자 동생은 또 순식간에 팥죽 한 그릇도 마저 먹어치웠다. 배가 부른 동생은 어서 집으로 돌아가고 싶었다. 팥죽과 보리를 가지고 가서 늙으신 어머니도 공양하고 가족도 나눠 먹일 셈이었다. 그래서 형에게 보리쌀을 달라고 했다. 그러나 형은 내가 언제 그랬느냐고 하면서 말하는 것이었다.

"야 이놈아 보리가 어디 있냐, 우리 소하고 말하고 그것들 먹일 보리조차 없다.

이렇게 소리치며 빗자루를 거꾸로 잡고 휘두르며 동생을 집밖으로 내쫓았다. 빗자루로 맞으면서도 대문간에 붙어서서 형수에게 소리쳤다.

"형수님, 팥죽을 좀 주시요."

"팥죽이 어디 있어요, 두 그릇이나 먹어놓고."

동생은 하는 수 없이 빈손으로 집에 돌아가는 수밖에 없었다. 고갯길을 넘고 있을 때였다.

"다다단 팥죽 우리 엄마 한 그릇 못주고 어이 내가 다 먹었나."

눈물을 머금은 채 자꾸 이렇게 혼자 소리를 중얼거렸다. 그런데 이상한 일이었다. 혼자 소리로 이렇게 중얼거리는 소리를 누군가 따라 하는 것처럼 주위 숲에서 들리는 것이었다. 동생은 다시 한번 정신을 가다듬고,

"다다단 팥죽 우리 엄마 한 그릇 못주고 어이 내가 다 먹었나."

하고 해보았다. 틀림없이 숲에서,

"다다단 팥죽 우리 엄마 한 그릇 못주고 내가 다 먹었다."

하고 따라 하는 소리가 들리는 것이었다. 몇번을 더 시험삼아 해보았으나 역시 그때마다 틀림없이 따라 하는 소리가 들렸다. 동생은 소리가 들리는 쪽을 찾아가 보았다. 조그만 염소새끼 한 마리가 있는 것이었다. 그 염소가 사람의 소리

를 흉내내며 따라오고 있었다. 동생은 얼른 칡덩쿨을 뜯어 염소의 목을 걸어 집으로 끌고 갔다. 속으로는 짐승도 정이 있어 저희 엄마를 생각코 그렇게 우는 것이로구나 생각했다. 집에 도착한 동생은 뒷곁에 염소를 메어놓고 안으로 들어가 아내에게 말했다.

"형이 염소 한 마리를 주면서 그것을 잘 길러 새끼를 치고 하여 어머니를 잘 모시라고 하더라."

동생은 마누라에게 이렇게 말하고 확인시켜 줄겸 함께 뒷곁으로 갔다. 그런데 재수가 없는 사람은 뒤로 넘어져도 코가 깨지는 격으로 영문도 모르게 그만 염소가 죽어 있는 것이 아닌가. 동생은 속으로 '미물인 너도 어머니께 죽 한 그릇 못준다고 속앓이를 하다 그만 죽고 말았구나' 하면서 가여운 마음에서 죽은 염소를 묻어주기로 했다. 땅을 파고 염소를 묻었으나 깊이가 부족하여 빼꼼히 뿔이 밖으로 나왔다.

다음날 아침 염소를 묻은 곳을 보니 이상한 일이 벌어지고 있었다. 염소의 뿔이 점점 자라면서 하늘을 향하고 있었다. 며칠이 지나고 나자 이윽고 염소뿔이 하늘에 닿으면서 그만 하늘나라에 있는 돈창고의 바닥을 뚫어버렸다. 그러자 하늘에서 돈이 쏟아져 내렸다. 한 순간에 마당에 수북히 돈이 쌓여 동생은 큰 부자가 되었다.

형이 자기 동생이 부자가 되었다는 소문을 듣지 못할 리 없었다. 어느날 형은 동생을 찾아갔다. 동생을 불러 앉히고,

"이놈 아우야, 네가 그렇게 없이 살던 놈이 하루 아침에

부자가 되었다니 분명히 뭔가 사연이 있을 것이다. 네 이놈, 네가 밤이슬을 맞지 않았다면 이렇게 부자가 될 수 없을 터, 어서 관가에 가자."

하고 고래고래 소리를 치는 것이었다. 동생은 하는 수 없이 형에게 자초지종을 털어놓게 되었다.

"제가 형님집에 가서 팥죽을 먹던 날입니다. 그때 형님집에 보리라도 두어 되 구하러 가니 형님이 소하고 말 먹일 보리도 없다고 하고, 팥죽을 두 그릇 떠놨는데 다 먹으라고 해서 먹고 나니 어머니 드릴 죽이 없게 되었습니다. 돌아오는 길에 재를 넘으면서 여차 여차 해서 염소를 끌고 왔으나 죽고 말았습니다. 그런데 그 뿔이 커서 하늘을 찌르더니 돈이 하늘에서 떨어져 부자가 되었습니다."

동생의 말이 떨어지기가 무섭게 형은 어서 팥죽을 끓이라고 재촉을 하였다. 팥죽 두 그릇을 억지로 먹고 그 고개길을 넘어 집으로 향했다.

"다다단 팥죽 우리 엄마 한 그릇 못주고 내가 다 먹었다." 하고 소리치다가 뭔가 알았다는 듯이 말을 바꾸었다.

"다다단 팥죽 지집 한 그릇 못주고 내가 다 먹었다."

동생이 말했던대로 이 말을 따라 하는 소리가 들렸다.

"다다단 팥죽 지집 한 그릇 못주고 내가 다 먹었다."

귀를 쫑긋하고 있던 형이 소리를 쫓아가 보자 역시 염소 한 마리가 있었다. 그것을 끌고 집에 가서는 뒷곁에 매어놓고는 빨리 죽도록 목을 단단히 줄로 조여 놓았다. 그렇게 해놓고 나서 안에 들어가 마누라에게 그 사실을 알리고 함께 나와 보니 과연 염소가 죽어 있는 것이었다. 그래서 땅을 조금 파고 가능한 한 뿔을 땅 밖으로 많이 나오도록 해서 염소를 묻었다. 다음날 아침에 나와 보니 과연 염소의 뿔이 하늘 닿도록 커가고 있는 것이었다. 욕심꾸러기 형은 떨듯이 기뻤다. 이제 부자가 되는 것은 시간문제였다.

가만히 생각을 해보니 그냥 그대로 있어서는 안될 것 같았다. 하늘에서 돈이 떨어질 때 마을에 돈이 흩어지면 자기 몫이 적어질 것을 걱정하게 되었다. 또 도둑을 맞을까 걱정도 되고 하여 형은 동네사람들을 모아놓고 혹 홍수가 나면 안되므로 마을을 산쪽으로 옮기자고 주장하였다. 마을사람들도 생각해 보니 몇년전 큰 홍수로 집과 세간살이들이 온통 떠내려간 적도 있고 해서 자기 산을 내놓겠다는 형의 말을 따라서 집을 모두 옮겼다. 마을에는 형의 집 하나만 남았다.

이윽고 염소의 뿔이 하늘까지 자랐다. 그런데 뿔이 은하수를 찔렀다. 뿔이 은하수를 찔러 놓으니 하늘에서 돈벼락 대신에 물벼락이 떨어졌다. 한순간에 형의 집은 물벼락이 떨어져 물바다가 되고 말았다. 그 바람에 산으로 옮겨간 마을사람들은 모두 살아남았으나 욕심장이 형과 가족은 물에 모두 떠내려가고 말았다.

4) 토끼의 지혜로 호랑이를 쫓고 살아난 염소

아래 이야기는 경상북도 선산군(정문연, 한국구비문학대계

7-16; 625-629)에 전해오는 것을 그 줄거리를 거의 살리면서 표준어로 새롭게 옮겨놓은 것이다.

옛날에 사람은 드물고 동물들만 많이 살고 있었다. 어느 봄날 호랑이가 산을 어슬렁 어슬렁 걷고 있자니 저만치에서 염소가 풀을 뜯고 있는 것이 보였다. 호랑이는 속으로 생각했다. '옳지 마침 배가 고프던 차에 너 잘 만났다. 저놈을 잡아먹어야 쓰겠다.' 이렇게 생각한 호랑이는 염소 옆으로 다가갔다.

정신없이 풀을 뜯던 염소는 호랑이를 보자 흠짓 놀랐다. 호랑이가 염소에게 말하는 것이었다.

"나 지금 배가 고파 너를 여기서 당장 잡아먹어야 쓰겠다."

이 말을 들은 염소는 공포에 떨면서도 짐짓 태연한 척 하며 말하는 것이었다.

"내가 겨우내 못먹고 지내서 지금 몹시 살이 빠졌다. 봄이 가고 여름이 오는 사이 내가 잘 먹고 나면 살이 포동 포동 찔 것이니 그때 가서 잡아먹도록 해라."

호랑이가 염소의 말을 듣고 보니 그도 그럴듯 했다. 그래서 칠 팔월 어느날을 잡아서 그날 염소를 잡아먹기로 하고 헤어졌다. 하루 지나 이틀 지나 어언 약속한 날이 가까워졌다. 염소는 산비탈에 앉아 죽는 것이 싫고 슬퍼서 울고 있었다. 그때 옆을 지나던 토끼가 그 모습을 보고는 궁금해서 옆으로 다가와 묻는 것이었다.

"염소야 너 왜 그렇게 슬프게 울고 있는 거니?"

"그런게 아니라 호랑이와 여차여차 해서 내일 모래면 내가 잡아먹히게 되었다."

"그까짓 일을 가지고 우는 거니?"

"그럼 너는 죽는 것이 두렵지 않니?"

"그런 것이 아니라, 호랑이 쯤을 무서워 하는 것이 우습구나."

"너같으면 어떻게 하겠니?"

이때 토끼는 염소를 가까이 부르더니 꾀를 하나 알려주는 것이었다. 마을 부자집 창고에 당나귀 가죽이 하나 있는데 그것을 훔쳐오면 그것으로 호랑이를 내쫓을 수가 있다는 것이었다. 염소는 토끼가 시키는대로 마을 부자집에 가서 당나귀 가죽을 훔쳐 토끼에게 주었다.

어느덧 호랑이와 염소가 약속한 날이 되었다. 토끼는 염소에게 약속한 장소에서 호랑이를 기다리게 해놓고 너구리를 불렀다. 토끼가 너구리에게 말하는 것이었다.

"너구리 너 호랑이가 무섭지 않니?"

"그래 언제 호랑이에게 잡혀먹힐 줄을 몰라 무섭다."

"그러면 내 말을 잘 들어라. 호랑이를 이 숲에서 내쫓을 묘안이 있다. 호랑이를 그대로 두면 너도 잡아먹히고 나도 잡아먹히고 만다."

토끼는 너구리에게 당나귀 가죽을 뒤집어 쓰도록 하였다.

그리고 토끼는 요상하게 만든 고깔을 머리에 쓰고 그 위에 걸터 앉아 염소가 있는 곳으로 갔다. 때마침 호랑이가 나타났다. 호랑이는 염소를 찾느라고 두리번 거리다가 염소 옆에 있는 요상한 것을 보게 되었다. 호랑이가 나타나자 토끼가 큰 소리로 호랑이를 불러 세웠다.

"네가 호랑이냐?"

"그렇다. 너는 무엇이냐?"

"나는 하늘에서 내려온 옥황상제인데 너를 잡아가려고 왔다."

호랑이가 이 말을 듣자 깜짝 놀랐다. 옥황상제에게 잡히면 그날로 죽는 것이다. 가만히 생각해보니 염소고 뭐고 도망치는 길이 사는 길이다 싶었다. 호랑이는 틈을 보면서 한두 걸음 뒷걸음질을 치는가 싶더니 몸을 획 돌려 그길로 냅다 뛰기 시작했다. 걸음아 날 살려라 하고 숨쉴 겨를도 없이 몇날 며칠을 뛰어 숲에서 먼 곳으로 도망을 쳤던 것이다.

그후 호랑이는 그 숲에 다시는 나타나지 않았다. 그때 호랑이에게 잡아먹혀 씨가 말라졌을 염소는 토끼의 도움으로 멸종하지 않았기 때문에 지금까지 사람들에게 길러지게 되었다.

5) 양은 소와 사촌간

손진태의 『조선민담집』에 위 제목으로 다음과 같은 내용의 이야기가 실렸다.

하루는 하느님이 인간에게 하등 쓸모없는 것들을 모두 없애버리기로 마음 먹었다. 그래서 세상에 있는 모든 것을 하나 하나 하늘나라로 불러들여,

"너는 인간에게 무슨 보탬이 되느냐?"

하고 물었다. 거의 모든 것을 불러 이렇게 물어보았으나, 그들의 대답은 한결같이 이러이러한 점에서 자기가 인간에게는 없어서는 안될 것이라고 했다. 하느님이 생각해 보니 모두 일리가 있는 말들이라 그들을 모두 다시 세상으로 보내주었다. 이렇게 하는 사이 마지막 남은 것이 소와 양이었다. 먼저 소를 불러 물었더니,

"농부들이 논밭을 가는데 제가 없어서는 안됩니다."

하고 답했다. 그도 그러겠다 싶었다. 그래서 소도 역시 그냥 두기로 했다. 끝으로 양을 불렀다.

"너는 세상에 쓸데라고는 없는 동물로 먹는 것만을 탐하기 때문에 없애버려야겠다."

하고 하느님이 말했다. 양은 깜짝 놀라면서 말하기를,

"저는 사촌의 덕택으로 먹는 것을 얻기 때문에 사람들에게 전혀 해를 끼치지 않습니다"

하고 대답했다. 신이 다시 묻기를,

"너의 사촌이라니, 대체 그가 누구냐?"

하니, 양이 대답하여,

"바로 소이옵니다."

하였다. 하느님이 다시 묻기를,

"어인 연고로 소가 너의 사촌이라고 하는고?"

하니, 양이 다시 대답하기를,

"소도 발굽이 둘인데, 보십시오, 저 역시 발굽이 둘입니다. 그리고 소도 뿔이 두 개인데 저 역시 뿔이 둘입니다."

하고 대답했다. 그러자 하느님이 되묻기를,

"과연 그렇구나. 그러나 소는 꼬리가 긴데, 어찌하여 너는 꼬리가 짧은고?"

하고 물었다. 양은 잠시 생각에 잠긴듯 하더니 재빨리 말하는 것이었다.

"그것은 외가 쪽을 닮았기 때문에 그렇습니다."

2. 판소리

신재효본 심청가 중에서 심청이가 뱃사공을 따라가기에 앞서 자신의 모친 무덤 앞에 제찬과 제주를 진설하고 통곡하며 올리는 말에 이런 사설이 있다.

"애고 어머니 애고 어머니, 나를 낳아 무엇하자 산제불공 정성들여 열 달을 배에 넣고 그 고생이 어떠하며, 첫 해산 하시렬 제 그 구로(劬勞)가 어떻겠소. 자식 얼굴 채 모르고 진자리에 별세할 제 그 설움이 어떻겠소. 어머님 정성으로 이 몸이 아니 죽고 혈혈이 자라나서 열 살이 되삽기에 내 속에 먹은 마음 기일이 돌아오면 착실히 제사하고 무덤에 돋은 풀을 내 손으로 벌초하여 호천망극 그 은혜를 만일(萬一)이나 갚겠더니, 이제는 하릴없어 수중고혼 될 터이니 불쌍한 우리 모친 사명일(士名日)은 고사하고 제사날이 돌아온들 보리밥 한 그릇을 누가 차려 놓아주며, 초중(草中) 우양도(牛羊道)에 이 무덤을 뉘 말리리. 백양(百羊)이 부득로(不得路)의 막막야전(漠漠野田) 될 것이요, 죽어서 혼이라도 모친 얼굴 보자 한들 모친 얼굴 내 모르고, 내 얼굴 모친 몰라 서로 의심할 터인데 수륙이 달랐으니 혼인들 만나겠소. 내손으로 차린 제물 망종 흠양(亡終歆饗) 하옵소서. 애고 애고 설운지고"

심청이의 절통한 심경을 피력하고 있는 위 대목에서 특히 심청이 자신이 죽은 후에 어머니의 무덤이 양떼에 밟혀 흔적조차 없이 사라지게 될 사정을 생각하며 설움을 고조시키고 있다. '백양(百羊)이 부득로(不得路)의 막막야전(漠漠野田) 될 것이요'라는 대목에서는 서럽게 죽은 모친의 무덤만이라도 잘 보존코자 하는 인간적인 도리와 가축의 동물적인 무분별을 대비시켜, 자식된 도리를 다하고자 하나 이제 어찌할 수 없는 자신의 처지를 극적으로 형상화시켜 놓았다.

3. 민요

다음의 노래는 경남 거창군 북상면에 전승되어 오는 갑풀이라는 것으로서 60갑자에 대한 사설조의 노래다. 『한국구비문학대계』 8-6에 실린 그대로를 옮긴다.

갑자을축 해중금은 금성남녀 원혼이라
망망창해 황공되어 금생여주 화해나네
금옥같은 중한일신 인간인력 절통하다
가련하다 세상인심 어찌아니 한심하리.

병인정묘 노중화는 황성남녀 원혼이라
노상천변 타는불에 무주고혼 분별할까
거리중천 떠났시면 야월삼경 두견같이
주야장천 슬푸나니 원한조차 한이로다.

무진기사 대림목은 목성남녀 원혼이라
동원도리 상나수는 곳곳마다 청색이라
울울창창 임목하에 추월삼경 처량하다
성중매화 등대하여 홍로영살 에어보니
추색조차 장난하다.

경오신미 노방초는 토성남녀 원혼이라
무인무덤 오는 행인 분별할까 무주공산
어엿서니 좌우편에 가는행인 그리자치*   * 그림자지

슬풀소리 가련하다 혼백이나 어느누가
있을소냐.

임신계유 금복금은 금성남녀 원이로다
난리전장 죽은고혼 충호효행 가련하다
부귀영화 못해보고 사장백골 되얏던가
가련하다 혼백이야 어느누가 찾일손가

갑자을축 해산두화는 화성남여 원혼이라
일심장군 사라되여* 일편단심 먹은마음   * 사자되어
일평생을 생각한이 일야화관 뿐이로다.

병자정축 관하수는 남성남녀 원혼이라
벽개수에 굳은물에 봉근충신 원혼이라
초패왕에 고집으로 구든말은* 아니듣고   * 곧은 말
만경창파 고혼물에 수중고혼 되였던가.

무인기묘 성두토는 토성남녀 원혼이라
야월서산 저문날에 야월공산 처량하다
처량하다
통성으로 봉천한이 푸른청송 울을삼고
홀로누은 고혼이라.

경인신사 백낙금은 금성남녀 원혼이라
백일에토 성한몸이 병이나서 죽다말가
금에화양 돌아온들 어느처가 반가할까

고독하고 외로운맘 가련하기 한이없다.

이모계미 양유목은 춘풍세월 눈물바다
설설이도 맺혀있네 녹음방초 성화시에
시내강변 푸르도다 늘어진 새버들가지
죽은고혼 한숨이라

갑신을유 천중수는 수정남녀 원혼이라
우물아래 명월같이 가내수소식* 적막하네   * 가내 소식
푸른물은 주야장천 쉴새없이 흘러간다.
가련하다 이내눈물 유수같이 흐르도다.

병술정애 옥중토는 토성남녀 원이로다
성수대신 분분후에 우어진듯 금이로다
대각소각 지은집은 어찌할곳 없었으니
부귀귀천 한탄말고 이내원한 풀어볼까.

무자기축 벽역화는 황성남녀 원혼이라
번개같이 빠른세상 이팔청춘 더욱섧다
무정하다 세상살이 이팔청춘 다살아도
원통하기 찍이없네 홀피죽은 고혼이라
반공중에 높이떠서 오면가면 슬피운다.

경인신묘 성백목은 목성남녀 원혼이라
청송녹중 노중화야 녹음방초 푸른나무

임신계사 장여수는 수성남녀 원혼이라
청강유수 흘러간들 다시오기 어렵도다
인생한번 돌아가며 언제다시 돌아올가
무정하다 세상일이 물결같이 돌아간다.

갑오을미 상중금은 금성남녀 원혼이라
백사장에 묻힌몸은 금리한들 다시올가
십이사창 고혼되야 남녀원혼 처량하다
사장금에 지은가사 가련할사 고혼이라

병신정유 산화화는 황성남녀 원혼이라
산호고원 저문날에 일심공덕 가련하다
노소간에 죽은고혼 귀명황천 돌아가면
그럼그럼 슬피우네 도로상에 사모친다.

무술기해 평지옥은 목성남녀 원이로다
도로행중 정자밑에 혼자섰는 저고혼을
부모처자 어데두고 세상사를 생각한이

경자신축 병상토는 토성으로 지은집을
조우서백 울을삼고 홀로누운 고혼이라

임인계모 금박금은 금옥으로 지은집에
일가친척 하직하고 둥그렇게 노인실어

갑진을사 복덕화는 추월춘풍 두견새는

어이아니 처량할가 잠들기전 못잊겠네

병오정미 천화수는 칠월이라 칠석일에
천리원정 오작교는 일년한번 갈려가서
견우직녀 서로만나 할말은 남겨놓고
무진이 기별하네

무신계유 대역토는 토성남녀 원혼이라
높은태산 한이되어 풀어낼길 막막하다
가련하다 이내몸은 부족산천* 돌아가네   * 북쪽 산천

경술신에 천금수는 무슨고혼 되었던고
허망하기 짝이없네 토성남녀 원혼이라
분벽사창 할일없네 명금성을 벗을삼아
금성남성 원혼이라 일시라도 이별하여
화간심설 내인후에 푸른청산 찾어가세
화성남녀 원혼이라 공산야월 달밝은데
등잔불에 저혼백이 금성남녀 원혼이라
봉황하고 맺은맹서 일조강남 돈절하다
금봉채에 옥지환은 보기싫다 오지말아
처자권속 한심하다 가련하게 되었도다.

임자계축 행자목은 목성남녀 원혼이라
무상같이 높이올라 장송에다 다시실네
당상에는 늙은부모 슬하에는 어린자식
고생함이 웬일인가

갑인을묘 대개수는 수성남녀 원혼이라
고곡간장 썩은눈물 두눈에   솟아나니
녹원홍승 병이되어 성상불망 돌아가니
세상천지 사람들아 장유홍수 가련하다

병진정사 사중토는 성토남녀 원혼이라
진토되어 황천길이 적막하다 처자권속
어렷두니 어찌아니 가련한가
인도환생 시켜주소

무오기미 천상가는 황성남녀 원혼이라
천사문이 기한하고 옥경으로 솟아올라
이내원정 맺흰마음 세세이도 풀어내자
마리장성* 원정지어 옥황님전 등잔가자   * 만리장성

4. 속담

  속담은 구체적인 사실을 가지고 일반적인 사실을 포괄적
으로 말할 수 있는 매우 기술적이며, 유용한 언표다. 또한 속
담은 그것을 말하는 사람들에게는 거의 무의식적으로 당연
한 것으로 받아들여지는 사례로 보아 언중 다수의 공인을
얻은 언어적 공리이기도 하다.
  양에 관한 속담을 보면 크게 두 유형으로 대별됨을 알 수

있다. 속담에서 양이 언급된 것은 대개 중국에서 들어 왔거나 한문투의 속담이다. 양이 아닌 염소가 말해지는 경우는 대개 우리나라의 민간에서 만들어져 전해 온 속담이다.

1) 양 열 마리에 목자가 아홉이다.

양은 비유적인 언어활용에 흔히 등장한다. 단독으로 양의 어떤 속성이 비유되기도 하지만, 목자와의 관계가 주로 비유로 쓰이는 예가 많다. 가장 흔하게 접할 수 있는 예는 『성경』이다. 양은 신도요, 목자는 사직자나 예수, 또는 여호아로 비유된다. 비유는 일반적인 경험에서 성립된다. 양은 순한 동물이기 때문에 사람을 거스르는 법이 없다.

중국의 『수서(隋書)』에 "양 열 마리에 목자가 아홉이다"라는 말이 나온다. 비유적인 속담으로 활용되고 있는 말이다. 여기서 양은 백성을 의미하고, 목자는 관리를 뜻한다. 백성과 관리의 관계를 양과 양치기의 관계로 전치시켜 정치의 비정상적인 사태를 설명하고 있는 속담이다. 정상적인 상태라면 한 명의 목자가 수십 수백의 양을 거느리듯, 많은 백성을 다스리기 위한 관리의 수 역시 최소화하는 것이 옳다. 사회가 안정될수록 관리의 수는 적어도 좋다. 역으로 관리의 수가 적어도 사회가 잘 다스려지는 사회라면 그것이 태평성대의 한 징표일 것이다. 옛날부터 관리란 녹봉(祿俸), 요즈음 말로 하면 월급을 받는다. 그 급료는 물론 국민의 세금에서 나온다. 관리가 많게 되면 당연히 국민의 세금이 오를 수밖

12지 신상도의 양: 양은 12지신의 여덟번째 동물로, 음력 6월의 시간 신이자 남서남의 방위신이다. 경남 양산 통도사 소장.

에 없다. 출혈과도 같은 血稅가 되고 만다.

조선조 후기 다산 정약용은 전남 강진고을에 호랑이가 나타나서 고을이 발칵 뒤집혔던 일을 시로서 읊었다. 그 시 속에서 다산은 말하기를, 일반 백성들은 호랑이보다 오히려 관리들을 더 무서워한다고 적고 있다. 관리들에 의해 심한 착취를 당하고 있는 백성들의 심경을 풍자한 내용인 것이다. 다산의 『牧民心書』라는 책은 관리의 폐해를 지적하면서 관리의 바른 길을 깨우키려고 사례를 들어 풀이한 책이다. 여기서 관리에 해당하는 목민관이라는 말도 양을 기르는 목자라는 말에서 나왔다. 결국 조선조 후기 백성들의 혈세가 가중되면서 그것이 사회변혁을 위한 동학혁명으로까지 전개되었던 사실을 눈여겨 볼 필요가 있다.

저 멀리 중국 수나라 시대에 적용되었던 속담이 조선조 후기의 사정에까지 적중하고 있는 것을 보면 새삼 속담에 담긴 진실의 초역사성이 놀랍기도 하지만, 바로 그러한 사실 때문에라도 관리의 수를 적정하게 유지하는 사회가 바로 태평천하를 구가하는 사회임을 알게 된다.

2) 양으로 이리를 부리게 한다.

중국의 『사기(史記)』에 "양으로 이리를 부린다"는 속담이 실려 있다. 양은 순하고 이리는 사납다. 사나운 것이 순한 것을 부린다면 혹 모를 일이지만, 순한 것이 사나운 것을 부리는 것은 이치에 합당하지 못하다.

이 속담은 나약한 지휘관에게 강한 사병을 통솔하게 한다는 뜻을 담고 있다. 인간사회는 구성원의 역할과 직능에 따라 발전할 수도 있고 침체될 수도 있다. 지도자에게는 지도자 나름의 역할과 직능이 기대된다. 그러한 기대에의 충족이 어렵다면 그 사회는 원만한 질서유지가 어렵게 된다.

중국의 유학사에서 맹자(孟子)와 순자(荀子)는 성선설과 성악설을 대표하는 사람들이다. 맹자는 인간의 본상을 착한 것으로 보아서 덕으로써 나라를 다스릴 것을 주장했고, 순자는 인간의 본성을 악한 것으로 보아 예로써 나라를 다스릴 것을 주장했다. 각기 덕치주의자와 예치주의자로 구별된다.

양으로 이리를 부리게 한다는 속담은 순자의 성악설 또는 예치론과 관련지어 생각해 볼 필요가 있다. 본디 사람이 악한 심성을 가지고 태어났다고 하면 그러한 악한 마음을 내버려 두면 온통 혼란이 있을 뿐이다. 그들을 다스리기 위해서는 객관적인 사회적 규율이 필요하다. 사회적 규율이란 시대를 따라 달라져 왔다. 신권사회에서는 타부가 사회적 규율이었고, 그 다음 시대에 이르러 신권적 권위가 의심받으면서 예가 사회적 규범이 되었다. 그러나 그것만으로도 잘 되지 않자 이제 법이라는 것이 나왔다. 타부에서 예로, 예에서 법으로 바뀌어 온 것이다. 지금은 물론 법으로 다스리는 법치사회다.

이리의 사나운 속성은 마치 사람이 악한 마음을 가지고 태어난다는 것과 같다. 사회 자체가 사악한 무리의 집합인 것이다. 그래서 이들을 다스리기 위해서는 공자의 인이나 맹자의 덕으로는 안된다. 인이나 덕은 주관적인 것이며, 이것이 통용될 수 있는 사회는 사회성원들의 마음이 그것들로 인해서 감화를 받을 수 있을 때라야만 가능한 것이다. 따라서 사나운 이리와 같은 사회의 통솔은 양같이 순한 마음으로는 불가능한 것이다. 따라서 양으로 이리를 부리는 것이 얼마나 이치에 합당치 않음은 자명해진다.

『사기』에서는 바로 이 점을 지적하고 있다. 더구나 군대와 같은 규율이 엄격해야 하는 특수사회에서 양같이 순한 지휘관이 이리같이 사나운 졸개들을 통솔한다는 것은 불가능하다. 따라서 이런 군대라면 규율이 흐트러져 마침내는 전쟁을 이겨내지 못할 나약한 군대가 되고 말 것이다.

3) 양의 탈을 쓴 이리다.

양과 관련된 속담 중에서 가장 흔히 쓰이는 속담이 '양가죽을 쓴 이리'일 것이다. 한자 성어로 사람의 얼굴에 짐승의 마음이라는 뜻인 인면수심(人面獸心)과도 통하는 말이다. 곧 표리부동(表裏不同)을 이르는 말로서, 겉으로는 착한 것으로 가장하고 있으나, 속은 악한 것을 이르는 속담이다.

서양에서는 야누스라는 말이 많이 사용된다. 그리스-로마 신화에 얼굴을 두 개 가진 신의 이름이 야누스다. 인간의 양면성과 이중인격을 지적하는 말이다. 영어에서 1월을 뜻하는 제뉴어리(January)도 야누스라는 신의 이름에서 나왔다. 작년과 금년을 두 개의 얼굴로 본 것이다.

인간의 이중성은 인류사를 통해서 언제나 문제가 되어오면서 역사를 이끄는 견인차적 역할을 해 왔다고 해도 과언은 아닐 것이다. '양의 탈을 쓴 이리'라는 속담에서 양과 이리가 표상하고 있는 의미는 선과 악이다. 선악의 문제는 일차적으로는 윤리적·도덕적 관심사지만, 큰 흐름으로 보아 이들 이중주가 역사를 견인해 왔다고 할 수 있다. 속담에서 쓰이고 있는 비유를 그대로 살려 말하자면, 인류 역사는 양과 이리의 성질에 따른 팽팽한 대립적 구도를 유지하면서 지금에 이르렀다고 할 수 있는 것이다. 선악의 문제는 인간 개인의 문제만 아니다. 실제로 절대로 선한 사람과 절대로 악한 인간이란 있을 수 없다. 거의 모든 선과 악에 대한 판

별기준은 사회적인 것이다. 극악스런 악인으로 지탄을 받는 사람도 자기 자식에게만은 선한 아버지일 것이다. 또한 인류사 전체와 관련되고 있는 종교의 문제란 결국 선악의 문제가 중핵을 이루고 있는 모습을 본다. 역사를 통해서 종교만큼 보편적인 문화란 없다. 그것이 보편적인 만큼 선악의 문제 역시 보편적이라고 할 수 있는 것이다.

누구든 양이 되고 싶어하지 이리가 되기를 원치 않을 것이다. 그럼에도 불구하고 수많은 이리가 사회적으로 존재한다. 개인적 심성으로 이러한 현상을 몰아치는 것은 문제의 본질을 바로 보지 못한 것이다. 맹자는 사회의 두 가지 문맥을 구별했다. 의(義)와 이(利)가 그것이다. 인간은 이익을 좇기를 좋아한다. 본인의 이익이 다른 사람의 이익이 되는 경우도 있겠으나, 서로간에 이해관계가 상충하는 예가 더 많을 것이다. 이해의 상충이 표면화되면 상대를 향해 '나쁜 놈'이라는 욕설을 뱉게 된다. 다른 사람의 이익이 나에게 해로 돌아올 때, 선악의 분기점을 이룬다. 이익을 함께 나누는 것이 의다. 이는 결코 함께 나눌 수 없다. 따라서 맹자는 이를 멀리하고 의를 좇도록 했다. 의를 좇는 것은 의 자체만 아니라 선을 실현하는 원리다. 맹자는 유명한 성선설(性善說)을 주장했던 사람이다. 인간의 본성을 선한 것으로 평가한 그는 타고난 선을 실현시키기 위해서 사회적으로 의를 실현해야 한다고 주장한 것이다.

양과 이리의 대립적 구도에서 추출되는 사회적 명제는 따

라서 선과 악, 의와 이의 대립으로 추상화된다. 속담은 육화
된 하나의 생활철학이요, 윤리적, 도덕적, 그리고 종교적 규
율이요 규범과 같은 것이다. 이러한 규범과 규율을 추상적으
로 또는 교훈적으로 설교하는 것이 아니라, 극히 평범하고
사소한 속담 한 구절을 통해서 피부에 와 닿을 수 있도록 표
현해 내고 있는 것이 곧 양의 탈을 쓴 이리라는 속담인 것이
다.

  4) 양대가리 걸어놓고 개고기 판다.
     양대가리 걸어놓고 말대가리 판다.

  좋은 물건을 보여주고 나서 팔 때는 정작 나쁜 물건을 준
다는 뜻이다. 여기서 양과 개 또는 양과 말이 대립적이다. 양
고기는 좋은 것, 말고기나 개고기는 좋지 않은 것으로 여기
는 사회적 통념이 속담으로 표현된 예다.

  일차적으로는 상도덕과 관련된 속담이다. 언제나 거짓말
인 세 가지가 있다. 노처녀 시집가기 싫다는 말, 늙은이가 죽
고 싶다는 말, 그리고 장사꾼이 본전에 판다는 말이 그것이
다. 장사꾼은 사회봉사자가 아니다. 이문을 남기고 물건을
파는 것을 직업으로 한다. 그러한 장사꾼이 물건을 본전에
판다거나 밑간 장사를 한다고 하는 말은 곧이 들을 수 없는
말이다. 이것은 이문을 취하는 장사꾼의 속성을 잘 표현해주
고 있는 말이다. 이문을 남기는 방법 중의 하나로 장사들은
늘 속여 팔 궁리를 일삼는다. 고래로 장사꾼에 대한 신뢰도

는 늘 사회적으로 의심을 받아 왔다. 품질을 속이거나 함량
을 속이거나 품종을 속이는 등 방법은 많다. 생산자와 소비
자 사이에 거래중간자로서 장사가 개입하면서부터 이러한
속임수는 어쩌면 최소의 사회악으로 인정되고 있는 지도 모
른다. 양대가리를 걸어놓고 소대가리를 파는 장사는 아무도
없을 것이기 때문이다.

그러나 이것은 다만 장사꾼에게만 해당되는 속담은 아니
다. 상거래행위가 아니더라도 우리 사회에서 얼마든지 이러
한 속임수의 현상은 발견할 수 있다. 과대포장과 과대선전이
비일비재하는 현대사회에서 누구나 항상 남에게서 평가절상
되기를 바란다. 내실을 기하기보다는 표피적인 꾸밈으로 일
관하기가 쉽상이다. 거짓과 가짜가 사회와 인생 도처에 숨어
있다가 활개를 칠 기회를 노리고 있다.

모파상의 '목걸이'라는 소설은 가짜에 의해 망가진 한 인
생을 매우 사실적으로 그리고 있다. 가난한 어떤 사람의 아
내가 파티에 참석하기 위해 친구의 다이아몬드 목걸이를 빌
려 했다가 그것을 잃어버린다. 친구의 값비싼 목걸이를 변상
해주기 위해 많은 빚을 지게 된다. 빚을 갚기 위해 청소부를
하며 말못할 고생을 한다. 마침내 빚을 다 갚고나자, 다이아
몬드 목걸이를 잃어버려서 새 목걸이를 사서 건네주고 그
빚을 갚기 위해 그간에 온갖 고생을 다했던 일을 친구에게
고백한다. 그 말을 들은 친구는 놀란 얼굴을 하며 그 목걸이
는 가짜였노라고 말한다.

분수에 맞지않은 과시욕을 꼬집은 이야기다. 개대가리나 말대가리에 다이아몬드 목걸이를 건다고 해서 양대가리가 되는 것은 아니다. 다이아몬드가 강하다고 하지만, 사실보다 더 강하지는 않다. 가장 강한 것은 사실이며 진실이다.

5) 양으로 소를 바꾼다.
양 잃고 소 얻는다.

『맹자(孟子)』에 나온 말로 '양으로 소를 바꾼다'는 말이 있다. 양 잃고 소 얻는다는 속담도 있다. 작은 것을 주거나 잃고 나서 대신에 큰 것을 얻는다는 의미다. 적은 것을 욕심내다 큰 것을 잃는 소탐대실(小貪大失)과 반대되는 말이다. 인생살이는 오묘해서 준만큼 받는 일이 드물다. 준 것보다 더 많이 받을 수도 있고, 그에 못미치는 예도 많다.

인생은 끊임없는 거래행위다. 초월적이거나 고상한 듯만 싶은 종교나 윤리도 결국은 따지고 보면 거래관계가 기저를 이룬다. 종교는 신과 인간의 거래관계요, 윤리는 인간 상호간의 거래관계다. 거래관계는 일종의 경제행위이기 때문에 경제원칙, 즉 최소의 노력으로 최대의 반대급부를 얻는 것을 목표로 한다.

신과 인간의 관계를 기저로 해서 성립되는 종교는 엄밀한 의미에서 인류 최초의 상거래행위였다. 신에게 공물을 바치면, 신은 복을 준다. 원천적으로는 종교가 액을 물리치고 복을 맞아들이는 제액초복(除厄招福)을 위해 존재하는 것이라고 했을 때, 그러한 목적을 성취하기 위해서 신이 필요하다. 그러나 신이 아무에게나 은택을 베푸는 것은 아니다. 자신을 믿고 따르며, 공물을 바치는 자에게만 그 보상으로 액을 면하게 하고, 복을 내려준다. 세상의 어떤 신도 자선사업가는 아니다.

인간간의 관계를 중시하는 윤리는 예(禮)의 실천을 촉구하는 원리다. 예는 단순하지 않다. 맹자는 4단에 대해서 인을 측은지심(惻隱之心), 의를 수오지심(羞惡之心), 지를 시비지심(是非之心)으로 풀이했으면서도, 예에 대해서만큼은 공경지심(恭敬之心)과 사양지심(辭讓之心)으로 둘을 들어 설명하고 있다. 공경지심은 상대를 높이는 것이요, 사양지심은 자신을 낮추는 것이기 때문에 주체와 객체의 관계를 생각하면 둘이 전혀 다르지 않은 똑같은 말이다. 상대를 높이면 자연이 내가 낮아지고, 나를 낮추면 자연히 상대를 높여주는 것이 되기 때문이다. 이러한 예를 원리적으로만 보면 자신이 손해를 감수하는 듯싶다. 항상 상대를 높이고 자신을 낮추기 때문이다. 그러나 세상은 혼자서만 사는 것은 아니며, 또 그렇게 때문에 이러한 예의 원리는 상대적으로 적용된다. 내가 상대를 높여 주면 그 또한 나를 높여 주는 것이다. 그럼으로써 결국 사회적 질서가 잡히며 신뢰할 수 있는 인간관계가 맺어질 수 있다.

지금 당장 손해를 보는 듯하지만, 멀리를 내다보고, 또 굳이 반대급부를 염두에 두지 않고 베풀 수 있다면, 되로 주고 말로 받는 예정된, 그러나 의외의 행운이 자신에게 찾아올 수 있을 것이다. 베푸는 일이란 길을 닦는 것과 같다. 복이 자신에게 돌아올 길을 닦는 행위가 곧 베푸는 일이다. 그래서 옛날 사람들은 즐겨서 공덕을 닦았던 것이다. 인과응보라거나 지성이면 감천이라는 옛말들은 모두 양을 주고 소를 얻는 속담의 비유와 관련되는 옛사람들의 윤리적 실천의 한 방식이요, 규범적인 언술이었던 것이다.

6) 양(염소)의 창자(九折羊腸)

산길이 꼬불꼬불한 것에 비유하여 양의 창자같다고 한다. 또 인생살이가 순탄치 못하고 험한 것을 비유하여 양의 창자같다고도 한다.

실제로 이러한 속담은 경험의 반영이요, 관찰의 소산이다. 초식동물인 양의 창자는 매우 길다. 양의 창자는 그의 몸보다 28배의 길이이다. 또 사람에 비해 6배나 길다. 동양사람이 서양사람에 비해 창자가 약 3m정도 길다고 한다. 오랜 옛날부터 육식을 주로 해온 서양사람에 비해 채식을 위주로 해온 동양사람의 창자는 섬유질의 소화를 위해 길어졌던 것이다. 양은 대표적인 초식동물이다. 육식동물에 비해서 초식동물의 창자가 긴 것은 두말할 여지가 없다. 초식동물 중에서도 양은 식욕이 가장 왕성한 동물이다. 양이나 염소는 종이조차도 먹는다. 같은 초식동물인 소는 종이를 먹지 않는다. 먹는 데 있어 타의 추종을 불허하는 돼지조차도 종이를 먹는 일은 없다. 그러나 양은 독초만 아니면 어떤 풀도 먹으며, 나무뿌리나 껍질도 즐겨 먹는다. 소화기능에 그만큼 자신이 있는 것이다. 과학적으로 말하면 양이 종이를 먹는 것은 셀루로이드를 소화시켜 당분으로 만들 수 있는 纖毛虫이 발달해 있기 때문이지만, 이것 역시도 왕성한 소화력의 유전적 자질인 것이다.

양은 창자가 길기 때문에 일정한 크기의 그의 배속에 들어 있으려니 자연히 꼬불꼬불할 수 밖에 없다. 이러한 형상을 비유적으로 취해 길이 꼬불꼬불한 것이나 또는 삶이 순탄치 못하고 얼키고 설킬 경우, 그에 대한 비유어로 양의 창자와 같다는 말이 사용되는 것이다.

양에 관한 몇 가지 대표적인 속담을 소개하면서 현실에 적용하여 그것이 의미하는 바를 음미해 보았다. 이러한 속담 외에도 양이나 염소에 관한 속담은 많다. 그것들을 얼거하면서 그 뜻을 간단히 소개해 본다.

7) 양도 무릎을 꿇고 어미의 은혜를 안다.

양도 어미 은혜를 아는데, 사람이 어머니의 은혜를 몰라서 되겠느냐는 뜻.

8) 염소가 물똥 누는 것 봤나?

있을 수 없는 일을 말하는 사람에게 하는 말.

9) 염소가 울타리를 받고 뿔이 걸려 꼼짝도 못한다.

염소가 울타리에 걸려 꼼짝도 못하듯이 앞뒤로
오가지도 못한다는 뜻.

10) 염소고집이다.

염소마냥 고집이 센 사람에게 이르는 말.

11) 염소는 물도 안 먹고, 물똥도 안싼다.

나쁜 짓을 하지 않으면 나쁜 결과를 당하지 않는다
는 뜻.

12) 염소새끼가 나이먹어 수염이 났다더냐.

수염 많이 난 젊은 사람이 늙은이 행세를 하는 사람
을 보고 하는 말.

13) 염소새끼 어미 따라다니듯 한다.

염소새끼가 어미를 따라다니듯이 떨어지지 않고 따
라다닌다는 뜻.

14) 염소 잃고 외양간 고친다.

평소에 대비하지 않았다가 실패한 다음에야 대비한다는 뜻.

일이 그릇된 뒤에는 뉘우쳐도 아무 소용이 없다는 뜻.

15) 양가죽 천 개가 여우가죽 한 개만 못하다.

사람에 대한 평가로서 훌륭한 한 사람이 평범한 사람 천명보다 낫다는 뜻.

Ⅵ. 양에 관한 꿈의 해석

1. 꿈에 보이는 양의 상징적 의미

  꿈은 인간이 무의식의 세계로 들어가는 통로요, 또 꿈 속
에서의 경험은 무의식 세계의 경험이다. 무의식의 세계는 시
간이나 공간개념조차도 없으며, 선악의 판단도, 우열의 평가
도 없는, 그야말로 어떤 평가나 관념 자체까지도 없는 잠재
적인 하나의 세계다. 무의식은 개인적인 무의식과 집단적인
무의식으로 크게 대별된다. 물론 던데스(A.Dundes)가 말했던
것처럼, 개인적인 무의식은 꿈에 의해서 경험되며, 집단적
무의식은 대개 문화적인 것으로서 민속에 의해 체험된다. 개
인적인 무의식이 꿈에 의해 경험된다고는 하나, 거기에는 어
떤 규칙성이 있다. 이 때의 규칙성은 꿈에 경험한 내용이 전
혀 황당한 것이거나 개인에 따라 각기 다른 것이 아니라, 일

정한 유사점이나 공통성이 발견된다는 것이다. 가령 꿈에 해가 품속에 들어왔다면 태몽으로 해석되고, 돼지꿈을 꾸면 재물을 얻을 꿈이라는 말을 듣는다. 꿈은 개인적 체험이지만, 사회적 공통성을 지니고 해석되기 때문에 꿈의 규칙성이 인정되는 것이다. 이러한 규칙성을 상징성이라고 부른다. 꿈은 실제와는 달리 상징을 통해서 의미를 드러내며, 그러한 의미는 지나간 과거의 회상이 아니라 앞으로 일어날 일에 대한 예조와 관련되어 해석된다.

양은 매우 선하고 착하며, 유목사회에서는 재물로서 중요하다. 그것의 품성을 사람에 비유하면 어질고 착하며, 또 근면 성실하여 자신의 본분을 결코 벗어나지 않는다. 이러한 현실적인 양에 대한 인상은 꿈에서 역시 그대로 나타난다. 꿈에서의 양은 사람의 품성, 직업, 정신, 물질 등 다양하게 해석될 수 있다. 양이 사람의 품성을 상징하는 것으로 꿈에 드러나면 어질고 착한 사람을 뜻하게 된다. 직업으로는 성직자나 교육자 또는 신도나 건실한 제자의 이미지를 띤다. 양이 정신적인 어떤 것을 상징하기도 하는데, 이 경우는 진실이나 진리를 의미하게 되며, 물질적으로는 많은 재물을 뜻한다.

2. 꿈에 나타난 양에 관한 해석

1) 양을 끌어다 집안에 놓은 꿈

양을 끌어다가 집안에 들여 놓거나 매어 놓은 꿈을 꾸면 좋은 일이 생길 예조다. 특히 재물이 생길 수 있으며, 집안의 사정에 따라서는 좋은 며느리나 아내를 맞아들여 화복한 가정을 꾸리게 되거나, 집안일을 잘 보살펴줄 가정부를 얻게 될 것이다.

2) 양이 풀밭에서 풀을 뜯는 모습을 본 꿈

양이 풀밭에서 풀을 뜯어 먹는 꿈은 태몽의 하나로 해석된다. 이러한 꿈을 꾸고 낳은 자식은 효성이 지극하며, 재복을 타고나기 때문에 장차 의식주가 풍부해진다. 또는 성직자나 교육자가 자기의 직업에 충실함을 보이거나, 새로운 사업을 시작하게 된다.

3) 양떼를 몰고가는 꿈

양과 목자의 비유적 상관관계가 꿈을 통해 엮어진다. 이러한 꿈을 꾸게 되면 훌륭한 목회자가 되거나 또는 좋은 선생님이 되어 신도나 제자를 양성할 것이다. 또는 양은 재물을 상징하기도 해서 양떼를 몰고가는 꿈은 재물을 많이 얻을 조짐으로 해석되기도 한다.

4) 양젖을 마시는 꿈

양젖은 영양이 풍부하다. 양젖을 마시는 꿈을 꾸면 마치 양젖이 가진 영양분을 섭취하는 것과 같아서 여러 가지로 이로운 일이 생길 것이다. 예를 들면 사업이나 재산으로 인해서 의외의·부수적인 수입이 생긴다. 재고품이 잘 팔려 나가거나 창고에 쌓아 놓은 상품의 값이 오르기도 하며, 이자 수입이 늘어난다. 또는 정신적인 측면에서 어떤 사람의 가르침을 받거나 조언을 얻기도 하고, 책을 읽어 진리를 터득할 수 있다.

5) 양젖을 짜는 꿈

양젖을 짜거나 찌는 것을 본 꿈은 사업으로 돈을 벌거나, 정신적인 가르침이나 교훈을 얻을 조짐이다.

6) 양이나 염소고기를 먹는 꿈

꿈에 양고기나 염소고기를 먹으면, 현실에서는 학문을 연구하게 되거나 또는 책임있는 중책을 맡아 수행할 것으로 해석된다.

7) 흑염소를 보는 꿈

염소도 재물의 상징이기 때문에 재물을 얻을 꿈이다. 또는 꿈에 흑염소를 보고 개와 흡사하다고 느끼는 꿈을 꾸게 되면, 현실에서는 비록 허술하게 보이는 어떤 사람이 사실은 매우 영특하고 착해서 그로부터 도움을 얻게 된다.

8) 양이나 소를 손수 몰고가는 꿈

장차 의식주가 풍부하고 안락해질 꿈이다.

9) 양떼가 사막을 달려오는 꿈

사업을 하는 사람은 사옥의 신축이나 주택의 증축 또는 개축을 할 일이 생긴다. 또한 자기를 도와 줄 사람을 만나게 될 것으로 사업의 운이 트이며 집안이 일어난다.

10) 양이 개짖는 소리에 놀라 도망치는 꿈

직업을 바꾸게 될 조짐이다. 자신의 분수를 지켜 일을 도모해야 하며, 남의 모략이나 간계에 넘어가 실패를 볼 수 있으니 지극히 조심을 해야 한다.

11) 양이 사슴과 함께 잠을 자고 있는 꿈

경기에 출전하거나 시합을 치를 일이 생긴다. 이사하거나 변화가 있는 것은 아니다. 노인의 경우라면 여행을 삼가고 집안에 머무는 것이 좋다.

12) 양이 변하여 여우의 울음을 흉내내 우는 꿈

남의 말에 귀를 기울여야 하며, 자신의 고집을 세우는 일을 삼가해야 한다. 서로 마음이 맞지 않은 사람과 일을 도모하면 자신의 권리를 빼앗기게 된다. 서로 의논할 친구가 없고 인덕을 보기 어렵다.

13) 양털을 깎아주고 있는 것을 바라보는 꿈

아무리 궁리를 해보아야 뾰쪽한 묘안이 떠오르지 않는다. 사업은 침체기에 들어가며, 계획하는 바대로 일이 성취되기 어렵다.

14) 양이 태양을 올려다 보며 우는 꿈

부부간에 이별할 염려가 있으니 주의해야 한다. 우선 참는 것이 중요하며, 가정의 불화를 막기 위해서는 서로 사랑을 재확인하는 것이 필요하다.

15) 제물로 바치기 위해 양을 죽여 제사상에 올리는 꿈

학문을 깊숙히 연구하거나 외국으로 유학을 떠나게 된다. 임신이 잘 안되는 여성은 신앙에 의존하면 득이 있다.

16) 양떼를 몰고다니는 목동을 만난 꿈

자신을 감싸고 흐르던 우울한 기분을 말끔이 벗고 기쁨이 솟는다. 여건만 조성되면 하는 일에 성사를 볼 것이다. 자신의 운명이 무겁고 어려운 것이 아니라 자신의 마음으로부터 비롯된 고뇌일 뿐이라는 사실을 자각하는 것이 중요하다.

17) 양이 호랑이에게 물리는 꿈

자만심을 삼가하는 것이 좋다. 몸에 병이 있고, 고난이 가정을 불안하게 한다. 또 구설수에 오를 수 있으므로 사이가 좋지 않은 이웃을 조심해야 한다.

18) 양이 돼지우리 속으로 들어가는 꿈

비밀과 관련되는 꿈으로서, 자신이 부하를 시켜 남의 비밀을 탐문해 오도록 할 수도 있고, 다른 사람이 나의 비밀을 몰래 알아낼 수도 있으므로 신변관리에 극히 신경을 쓰도록 해야 한다.

19) 양의 젖을 만지는 꿈

변화를 꾀하려고 하지만 마음 먹은대로 안된다. 욕망이 앞서기 때문이며, 신분상의 진전이나 승진을 기대하는 것은 무리다.

20) 양이 새끼를 돌보고 있는 꿈

발전적인 꿈이다. 본인이 현재 하고 있는 일이 성취될 것이며, 또한 좋은 조력자를 얻어서 많은 이익을 볼 수 있다.

21) 양젖을 짜서 마시는 꿈

책임있는 중책을 맡게 된다. 취직이나 승진을 하게 되며 시험을 보면 반드시 합격을 한다. 사업을 하는 사람은 큰 이익을 보게 될 것이므로 거래처의 확보에 나서도 좋다.

22) 양이 비를 맞고 초라하게 떨고 있는 꿈

얻을 듯싶지만 결국 손해를 보게 된다. 겉과 속이 다르기 때문에 외형적으로는 이익을 보는 듯싶으면서도 내실을 보면 결국 손해를 입는 것이다. 계획을 잘 세우지 않으면 손해는 눈덩이처럼 커진다.

23) 양이 집 마당에 누워 있는 꿈

집안에 우환이 생기거나 재산을 잃을 수 있다. 손재수가 붙어 가산이 점점 쇠하게 될 수 있음으로 확신할 수 없는 일에 손을 대면 안된다.

24) 양이 화가 나서 뿔로 받는 꿈

주변이 불안하며, 병이 생길 수도 있다. 환자가 이런 꿈을 꾸면 입원수속을 밟거나 수술을 받게 된다.

25) 양고기를 요리해서 먹는 꿈

학자의 경우는 학문을 빛내 명예를 얻게 되며, 사업가나 이익단체는 발전을 꾀할 수 있기 때문에 주어진 기회를 놓치지 않도록 해야 할 것이다.

26) 양들이 보리밭 속에 들어가 보리를 물고 있는 꿈

조상과 자식에 관련된 꿈으로서 자신이 정성을 다하게 되면 횡재를 볼 수 있는 길몽이다. 인간이 할 수 있는 일이면 그 누구라도 할 수 있다는 생각으로 정성을 다 해야 할 것이다.

27) 양이 총에 맞에 쓰러져 죽는 꿈

그간에 순조롭게 진행되던 일이 난관에 부딪히거나 정체기에 들 조짐이다. 협력자와의 불화가 생기며, 정신적인 좌절도 맛보게 된다.

Ⅶ. 역학(易學)으로 본 미생(未生)

1. 역학(易學)과 미생(未生)

1) 음양오행(陰陽五行)

역학은 중국 주나라 때 완성되었다고 하는 『주역(周易)』을 경전으로 하여 인생과 사회 그리고 우주의 변화원리를 다루는 고대의 학문이요, 역술이다. 주역은 철학적인 측면과 예언적인 측면을 갖추고 있어서 동양의 철학과 역술의 지침이 되는 책이다. 그 원리는 '역(易)'이라는 말이 뜻하듯 변화를 읽어 삶의 여러 측면에 응용하며, 또 예측하는 데 사용된다.

서양의 변증법이 정반합(正反合)으로 이루어진 데 반해서, 동양의 변증법은 궁변통(窮變通)이다. 주역의 계사편에 막히면 바뀌고, 바뀌면 통하며, 통하면 유구하다는 글을 취하여 동양의 변증법이라 한다. 막힌 것을 통하게 하는 것이 곧 변화다. 자연의 변화를 읽어들인 것이 주역의 원리지만, 다른 한편에서는 인생이나 사회에 그 원리를 적용하여 인위적으로 변화를 주어 일의 성취를 꾀하고 인생의 성공을 의도하기도 하는 것이 바로 역학이다. 따라서 서양의 절대론에 반하는 동양의 상대론적 철학과 인생관을 우리는 주역과 역술에서 읽어들일 수 있다.

주역에서 말하는 태극과 음양이라는 양의(兩儀)는 결국 변화의 원리를 공리화한 것이다. 원래 극이 없는 무극의 상태에 서서히 어떤 기운이 돌기 시작하면서 태극의 전조가 보인다. 태극이란 극이 없는 무극과는 달리 양극, 즉 음양을 배태하기 시작한 단계를 뜻한다. 그 태극에서 바로 양과 음이 나왔다. 무극(無極)이 변하면서 양극(兩極)으로 나뉘게 된 것이다. 따라서 궁변통의 十조에 따르면 궁(窮)은 무극(無極)이요, 통(通)은 음양(陰陽)이며, 그 둘을 이어주는 것이 바로 변(變)으로서 태극(太極)이다. 따라서 태극을 만물의 어머니요, 형성의 원천이라고 한다.

태극양의론이 더욱 발전하면서 오행을 낳았다. 이 역시 변화율을 좇아 이루어진 역학의 한 원리가 되었다. 그래서 음양오행이란 말이 나왔다. 음양이 작용하여 오행을 낳은 것이다. 오행이란 목·화·토·금·수(木火土金水)를 가리키는 것으로서 이들의 작용에 의해 만물이 형성되고, 또 형성만 되면 존재의 과포화 상태가 되기 때문에 이들이 다시 역으로 작용하여 만물을 소멸시키기도 한다. 그 방법을 오행론에서는 상생론(相生論)과 상극론(相剋論)이라고 부른다. 상생론은 오행이 작용하여 존재를 형성하는 원리이고, 상극론은 반대로 존재를 소멸시키는 원리이다.

상생론은 목화토금수의 오행이 각기 순차적으로 다른 존재를 생성시켜 가는 형식을 따른다. 나무(木)는 불을 일으키고, 불(火)이 타서 재를 남기면 그것이 흙이 된다. 흙(土) 속에서 쇠를 얻고, 쇠(金)에 수증기가 맺혀 물이 된다. 이것이 끝나면 이제 꼬리를 문 뱀처럼 다시 한 바퀴를 돌아 물(水)은 나무를 키운다.

상극론은 목화토금수의 오행 배열에서 한 칸 씩을 뛰어넘어 서로를 소멸시키는 역할을 한다. 나무는 뿌리를 뻗어 흙을 가르고, 흙은 물이 흐르는 것을 막으며, 물은 불을 끄고, 불은 쇠를 녹이며, 다시 돌아서 쇠는 나무를 자른다.

相生: 木生火　火生土　土生金　金生水　水生木
相剋: 木剋土　土剋水　水剋火　火剋金　金剋木

이들 관계를 쉽게 그림으로 그리면 아래와 같다.

相生

相剋

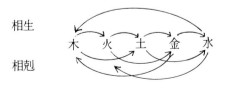

2) 십간십이지(十干十二支)

역의 원리에 따른 변화의 전개는 음양오행에 그치지 않는 다. 여기에서 다시 십간(十干)과 십이지(十二支)로 발전을 본 다. 간(干)은 하늘에 속하고, 지(支)는 땅에 속한다. 하늘과 땅이 음양과 어울려 소위 십간 십이지로 다시 분기 발전하 게 되는 것이다. 십간은 십간대로, 십이지는 십이지대로 음 양오행과 어울려 하나의 계열적 관계를 구성한다. 아래의 표 가 참고될 것이다.

<표1> 陰陽五行과 十干

天干	甲	乙	丙	丁	戊	己	庚	辛	壬	癸
陰陽	陽	陰	陽	陰	陽	陰	陽	陰	陽	陰
五行	木	木	火	火	土	土	金	金	水	水

<표2> 陰陽五行과 十二支

十二支	子	丑	寅	卯	辰	巳	午	未	申	酉	戌	亥
띠	쥐	소	범	토끼	용	뱀	말	양	원숭이	닭	개	돼지
陰陽	陽	陰	陽	陰	陽	陰	陽	陰	陽	陰	陽	陰
五行	水	土	木	木	土	火	火	土	金	金	土	水
季節	겨울		봄			여름			가을			겨울
月	11	12	1	2	3	4	5	6	7	8	9	10

나무에 비유를 하면 십간은 뿌리와 줄기에 해당하고, 십이지는 가지와 잎에 해당한다. 나무가 전강하기 위해서는 땅속에서 영양을 취하는 뿌리와 줄기 및 공기에서 영양을 얻는 가지와 잎이 잘 어울려야 하듯이, 십간과 십이지 역시 독자적인 의미 보다는 둘이 잘 어울리는 성향이 중요하다. 이들 십간과 십이지의 어울임을 바로 육십갑자라고 한다.

육십갑자를 이루는 방식은 십간과 십이지를 처음부터 순서에 따라 각기 하나씩 조합해 나가면 된다. 이렇게 해서 한 바퀴를 돌고 나면 모두 60개의 조합이 만들어진다. 아래의 표는 육십갑자를 만드는 방식을 보인 것이다.

<표3> 간지 만드는 법

干	甲	乙	丙	丁	戊	己	庚	辛	壬	亥	甲	乙	丙	丁	戊	己	庚	……	癸
亥	子	丑	寅	卯	辰	巳	午	未	申	戌	亥	子	丑	寅	卯	辰	……	亥

이상과 같은 방식에 의해 이루어진 육십갑자의 전체를 예시하면 아래와 같다.

118 양띠

<표4> 육십갑자 표

甲子	乙丑	丙寅	丁卯	戊辰	己巳	庚午	辛未	壬申	癸酉
甲戌	乙亥	丙子	丁丑	戊寅	己卯	庚辰	辛巳	壬午	癸未
甲申	乙酉	丙戌	丁亥	戊子	己丑	庚寅	辛卯	壬辰	癸巳
甲午	乙未	丙申	丁酉	戊戌	己亥	庚子	辛丑	壬寅	癸卯
甲辰	乙巳	丙午	丁未	戊申	己酉	庚戌	辛亥	壬子	癸丑
甲寅	乙卯	丙辰	丁巳	戊午	己未	庚申	辛酉	壬戌	癸亥

　이렇게 만들어진 간지의 조합은 모두 육십개로서 그 중 맨 처음이 갑자이기 때문에 그 대표성을 취해 편의상 육십갑자라고 부르는 것이다. 이것은 사주, 즉 연월일시(年·月·日·時)의 기둥을 세우는 요소로서 60회를 주기로 하여 순환된다. 즉 연주(年柱)는 갑자년을 시작으로 계해년까지 60년을 한 주기로 하며, 월주, 일주, 시주가 모두 마찬가지로 이렇듯 60갑자를 한 주기로 하여 순환된다.

　그러나 연월일시를 이렇게 60갑자로 환산하는 것은 사주의 산정에 있어 정식적인 것이고, 대개의 경우는 12지만 가지고 연월일시를 정하는 것이 보다 일반적이며, 편리한 방식이다. 예를 들면 12지를 단위로 하여 각 해에 해당하는 띠를 정해서 그로서 그 해를 부르는 방식이다. 갑자년은 쥐띠, 을축년은 소띠, 병인년은 호랑이띠 하는 식으로 12개의 띠를 단위로 하여 12년의 주기를 취하는 방식이다. 이렇게 하여 산정되는 단위는 12가 한 주기가 된다. 그렇기 때문에 양띠의 경우는 12년 만에 한번씩 돌아온다. 그리고 특별히 육십

갑자 중에서 양띠가 처음 시작하는 을미년(乙未年)을 백양띠
라고 불러 구별하기도 한다.

　해만 아니라 달과 시간까지도 이렇게 12지를 이용하여 단
위를 삼는 것이 일반적이다. 해나 달, 그리고 시간은 모두 12
진법에 의해 운용되기 때문에 12지에 따른 계산방식이 보다
편리한 것이다. 다만 날자의 경우는 12진법에 따른 것도 아
니며, 그 크기가 큰 달(30일) 작은 달(28일) 등으로 나뉘는
등 엄격한 주기적 순환이 규칙적 단위로서 지켜지는 것이
아니어서 12지에 의한 산정이 어렵다. 따라서 일주(日柱)에
대해서만큼은 월력이나 만세력에 의거해서 당일의 일진을
찾는 것이 통상적인 방법이다.

<표5> 12지로 본 해당 年月時

십이지	子	丑	寅	卯	辰	巳	午	未	申	酉	戌	亥
띠(年)	쥐	소	범	토끼	용	뱀	말	양	원숭이	닭	개	돼지
月	12월	11월	1월	2월	3월	4월	5월	6월	7월	8월	9월	10월
時	23-01	01-03	03-05	05-07	07-09	09-11	11-13	13-15	15-17	17-19	19-21	21-23

　위 표에서 보듯 12지 중 미(未)는 곧 해로는 양띠며, 달은
6월이요, 시각으로는 오후 1시에서 3시에 해당한다.

　본디 지(支)는 땅(地)에서 차용된 것이기 때문에 이를 합
해서 지지(地支)라고도 한다. 각 지지는 단독으로 어떤 의미
도 가지지만, 이들이 서로 어울려 상호간에 영향을 미치게

된다. 이를 성명학에서는 지합(支合), 지충(支冲), 지형(支刑), 지파(支破), 지해(支害), 지천(支穿)으로 나누어서 길흉을 점친다.

2. 미년생(未年生)의 성격과 운세

사주에 따른 운세는 생년·월·일·시의 유기적 작용에 의해 그 운세가 결정되는 것이 상례다. 그러나 역학에서는 출생년비(出生年秘)라 하여 사주 전체가 아니라, 연월일시에 해당하는 10간이나 12지에 의해 성격이나 운세가 결정되는 것으로 보기도 한다. 여기서는 양의 해에 출생한 사람의 경우, 그에 대한 성격과 운세를 점쳐 본다.

미년생은 양의 심성을 그대로 받고 태어난다. 그래서 양과 같이 양순하며, 착하고 고지식하다. 언제나 후덕한 마음을 지니며, 거짓을 모르고, 또 거짓을 멀리하려 한다. 어떤 걱정이 속으로 있더라도 그것을 표면에 나타내지 않고 속으로 삭이거나 간직할 뿐이다. 따라서 연구하는 성격이기는 하지만, 발표성이 약하며 그래서 속으로 근심 걱정이 끊이지 않고 계속되기도 한다.

나는 남을 도와주고 보살피는 것을 즐겨 하나, 남이 나에게 이롭지를 못한 경우가 만다. 그래서 배신감을 느끼는 수가 많고, 무던한 속에서도 개인적으로는 고뇌가 많다. 또 나는 남의 말을 수용하는 포용성이 있지만, 남은 나를 잘 이해하려 하지 않은 경우가 많고, 내 뜻을 수용해 주는 사람이 적다. 매사에 생각을 깊이 하기 때문에 오히려 장고끝에 악수를 두는 격으로 일에 실패가 따를 수 있다. 또 작은 일은 순서를 잘 따져 해결하지만, 크고 복잡한 문제에 부딪히면 당황하거나 갈피를 잡지 못해 낭패를 보는 수가 있다.

미년생은 자신이 베푸는 것에 비해서 받는 것은 그에 미치지 못하기 때문에 평소에 늘 인덕이 없는 것으로 자신을 여긴다. 그러나 부모의 유산을 타고난 사람이 있는데, 이런 사람의 경우는 그것을 잘 지키며, 그것으로 인해서 크게 성공하는 일도 많다. 반면에 부모로부터 재산을 받지 못한 사람은 생활에 고민이 많다. 개척적인 정진이 약하기 때문이다.

십이지의 하나로서 미(未)는 사물이 열매를 맺어 성숙하고, 노숙해진 상태나 모양에 비정된다. 나무로 말하면 노거수에 해당한다. 따라서 사람도 이와같이 자연의 섭리를 알고, 인정이 많으며, 생각이 깊고 양보하는 정신이 돋보인다. 그러나 한편으로는 우울해지기 쉽고, 잔걱정이 많으며, 다치지 않으려는 보신과 자신을 지키려는 보수적 경향이 짙다. 또 소심하며, 신경질적인 성격을 지니기도 한다.

미생의 사람은 겉으로는 부드러워보이지만, 속으로는 끊임없는 자기단련과 성찰을 하게 되어 심지가 남달리 굳다. 또 느긋해 보여도 모든 일에 대해 주의를 기울이며, 주변을 배려하는 정신이 투철하여 실수가 적고, 세상의 움직임을 잘 알아차리는 통찰력도 지닌다.

직업으로는 교육자, 연구자, 농장, 공업 등이 유리하다. 또 자영적인 사업보다는 월급을 타는 일이 적합하며, 길하다. 미년생은 초년에는 넉넉하고 행복하지만, 말년에 이르러 고생하고 또는 평탄치 않을 수도 있다.

<참고 1> 서기와 단기로 환산한 미생년

1907(4240, 丁未), 1919(4252, 己未), 1931(4226, 辛未), 1943(4227, 癸未), 1955(4288, 乙未), 1967(4300, 丁未), 1979(4312, 己未), 1991(4324, 辛未)

<참고 2> 10간성질(十干性質)

㉠ 갑생(甲生): 온순하고 독실하며, 말수가 적으며, 생각이 깊다. 또 덕망이 돈독하며, 발명심(發明心)이 풍부하다.

㉡ 을생(乙生): 활동과 노력은 많이 하나 그에 비례한 발전을 보기 어렵다. 때로는 심적으로 일어나는 억압 때문에 안정을 얻기 어렵다.

㉢ 병생(丙生): 화려한 것을 좋아하며, 양기가 충만한 것은 좋지만, 지나쳐서 좌절하기 쉽다. 말이 많아 경박할 수 있다.

㉣ 정생(丁生): 성정이 온화하며, 만사에 대해 주도면밀하다. 지혜가 넘치며, 진취의 기상이 돋보인다.

㉤ 무생(戊生): 외관을 꾸미기 좋아하며, 심정을 잘 다스리지 못해 화를 잘 낸다. 따라서 생각이 얕고 사물을 파괴하기를 즐긴다.

ⓗ 기생(己生): 제반사에 기준을 바로 세워 접하며, 주의를 기울인다. 그러나 도량이 넓지를 못해서 충돌이 많고, 어떤 일에라도 끼어드는 적극성을 띈다.

ⓢ 경생(庚生): 마음이 쉽게 변하며, 의지가 약하다. 또 어떤 일이라도 그대로 두지 못하고 고치려는 성향을 지닌다.

ⓞ 신생(辛生): 뉘우침이나 한이 쉽게 쌓이며, 애정의 결핍을 느낀다. 의지가 약하며, 물질에 대해 마음이 쉽게 동한다.

ⓩ 임생(壬生): 태만하며, 의존적이다. 그러나 만사에 대해 적극적이며, 도량이 넓고, 용기가 뛰어나다.

ⓒ 계생(癸生): 정직하며 근면 성실하다. 추리력이 뛰어나지만, 고집이 세다. 그러므로 때로는 파괴적인 성향으로 흐르기 쉽다.

3. 월별에 따른 미년생의 운세

양띠 1월생

상냥하며 부드럽고 또 인정이 많다. 자신과 뜻이 통하는 사람과는 쉽게 지기가 된다. 그래서 오히려 자신의 일보다는 남의 일을 봐주기 위해 동분서주하는 일이 많다. 폭넓은 교재를 하기 때문에 인맥이 두텁고, 이로 인해서 항상 득과 실이 많다. 그러나 다른 사람과의 교유를 통해 자신의 재능을 발견하고, 그것에 매진하게 된다면 남들이 부러워 할만큼 크게 성공하여 사회적으로 명성을 얻게 된다.

그러나 자신감이 넘쳐 자못 자만에 빠질 수 있으므로 항상 자신을 성찰하는 태도를 지녀야 한다. 겸허한 만큼 자신의 삶에 득이되며, 남들과의 관계가 원만해진다.

겉치레를 좋아하는 성격이다. 그래서 낭비에 흐르기 쉬우며, 이럴 경우 낭패를 보기 쉽다. 그러나 타고난 재운이 있기 때문에 꾸준히 저축하는 습관을 기르고, 절약하는 견실한 마음가짐을 가지면 큰 부를 이룰 수 있다.

연애에 빠지면 걷잡을 수 없이 맹목적으로 덤비기 쉽다. 따라서 이성간의 교제는 가능하면 소 닭보듯 하면서 멀리 장래를 내다보는 것이 좋다.

직업은 부드러운 성품과 예민한 감각을 지녔기 때문에 써비스업이 좋다. 여성의 경우라면 스튜어디스가 제격이다.

양띠 2월생

포근한 성품을 타고나며, 인정이 많아 다른 사람을 보살펴 주기를 좋아한다. 더구나 상식에 어긋나는 행동이나 생각을 하지 않는 인품을 지녀 어디에서든 다른 사람으로부터 인정을 받는다. 또 착실하며 굳은 의지도 지니기 때문에 자립심이 남달리 강한 것도 장점이며, 그래서 일찍이 부모의 슬하를 떠나 타지에서 독립적인 생활을 하면 이롭다. 그러나 독립심을 너무 앞세우다가 주변의 사람들로부터 옹고집이라는 평가를 받을 수 있으므로 넉넉한 마음으로 교우관계나 대인관계를 맺는 것이 좋다. 또 포용력이 있기 때문에 다른 사람을 쉽게 끌어들여 자신의 사람으로 만들며, 지도자로서의 자질도 지녔다.

한편 남에게 인정을 잘 베풀어 돈도 많이 들지만, 들인 것 이상으로 받아들일 수 있기 때문에 오히려 인색한 것은 낭패다. 사치를 모르고, 수수하게 지내면 만년에 가서 넉넉한 살림을 꾸릴 수 있으며, 재물이 모이는 형이다.

이성간에는 그다지 사교적이지 못하다. 연애에는 소질이 없기 때문에 중매결혼을 택하는 쪽이 좋다.

다른 사람에게 친절하며 어른스러운 품성을 지녔으므로 유치원 보모나 선생님이 어울리는 직업이다.

양띠 3월생

이상과 현실, 낭만과 집착이 함께하는 형으로 장점과 단점을 모두 지닌 형이다. 높은 이상을 세우고 거기에 매진을 하면 주위로부터 칭송과 부러움을 사며, 어디에서든 지도자적인 자질을 인정받아 인망이 두터운 사람으로 평가를 받게된다. 그러나 현실적으로 생각하지 않고 너무 낭만을 좇다보면 이상과 현실 사이에 메울 수 없는 거리가 생겨서 현실도피적인 성향을 띨 수도 있다. 사회적으로 성공을 거둔 사람이 갑자기 허무감에 빠지거나 삶을 의미없어 할 때가 있는데 바로 이러한 성격으로부터 말미암은 것이다. 따라서 항상 현실과 이상 사이의 거리를 유지하면서 착실한 생활을 이끌수 있도록 해야 할 것이다.

나면서부터 재운은 풍부하게 타고 났다. 그래서 평생 가난을 모르고 살게 되지만, 혹시 의리를 앞세워 많은 재산을 날릴 수 있다. 특히 남의 보증을 서는 일에는 가까운 사람일수록 신중을 기하는 것이 좋다.

스케일이 크고 의지가 굳기 때문에 장기간에 걸쳐 경험을 쌓아 비로소 업을 삼을 수 있는 직업을 선택하는 것이 좋다. 평론가나 프로듀서 등이 제격이다.

양띠 4월생

대인관계가 원만하며 사람을 중히 여기는 타입이다. 따라서 항상 주변에 친구들이 많고, 즐겁고 다정한 생활을 즐긴다. 그러나 아무리 친한 사이라고 하여도 도를 넘지 않는다. 즉 예의범절을 중시하는 형으로서 자신의 신념이나 의지 또는 계획 등을 함부로 발설하지 않는다. 대신에 남의 말은 경청할 줄 알기 때문에 누구나 좋아한다. 마음 속으로는 우주라도 담고 있으나 그것을 밖에 잘 표현하지 않는다. 또한 남에게 무리한 부탁을 하지 않으며, 부탁을 하는 것보다는 부탁을 받는 것을 즐긴다.

특히 예술적 능력을 타고난다. 화가나 음악가, 또는 연예인으로서의 자질을 지녔기 때문에 그런 방향으로 매진하면 크게 성공을 거둘 수 있다. 그러나 재주를 너무 믿어서 게을리 하면 팔방미인의 소리를 듣기는 하겠지만, 성공하는 일이 없다.

직업으로는 예술가나 탤런트 등이 좋다.

양띠 5월생

의협심이 강하고, 옳은 일에 대해서는 끝까지 관철하려 한다. 또 관용이 넘치는 성격이기도 해서 자애롭게 다른 사람을 보살펴 주기도 한다. 그러나 강한 정의감을 앞세워 주변 사람들과 언쟁이나 갈등이 자주 있을 수 있으며, 이로 인해 가족으로부터 일찍이 떠나 따로 삶을 영위하게 되는 수가 많다.

성격이 곧은 반면 인정도 많은 이중성을 가졌기 때문에 스스로 자아를 성찰하는 시간을 많이 가지는 것이 좋다. 곧은 성격이 표면화되면서 화를 잘 내는 사람으로 낙인이 찍힐 수 있다. 또한 이중적 성격으로 인해서 변덕이 심한 사람으로 취급될 수도 있다. 이 때문에 직장이나 가정에서 다른 사람으로부터 피곤하다는 말을 들을 수 있으므로 행동을 더욱 조심해야 할 것이다.

기인으로 불리는 사람도 있겠으나, 대체로 뛰어난 재질을 가지고 태어나기 때문에 그 쪽으로 매진을 하게 되면 크게 성공을 거둘 수 있다.

직업은 남과의 관계가 밀착되지 않고 혼자서 할 수 있는 일을 찾는 것이 유리하다. 화가나 도예가 또는 변호사업 등이 좋다.

양띠 6월생

지구력과 인내력, 그리고 의지를 타고 났다. 자신이 선택한 일에 대해서는 끝까지 정진하는 자세가 남다르다. 다만 고집을 부려서 실현 불가능한 일에 매달려 실패하는 수가 있으므로 일에 대한 차분한 평가가 선행되어야 할 것이다. 의지가 강한 만큼 독립심이 강하다. 그러나 다소 부드러운 성품을 지니고는 있지만, 의지를 앞세워 다른 사람들로부터 경원시될 염려가 있다.

강한 의지는 좋지만, 그것이 너무 자의적인 방향으로 흐르지 않도록 조심을 해야 하며, 남의 말에 귀를 기울일 줄 알아야 한다. 만일 그렇지 못하면 많은 사람들로부터 소외되어 외로운 삶을 살아야 할 것이다.

재능은 타고 난다. 특히 예리한 관찰력과 뛰어난 기억력 등을 지녀 머리로서 하는 일이면 무엇이든 자신감이 넘친다. 따라서 남과의 경쟁을 좋아하나 너무 승부욕에 집착하여 자신의 처지를 망각할 수 있으므로 각별히 조심하는 것이 좋겠다.

남녀가 모두 가정적인 성격으로서 결혼하면 알뜰한 가정을 꾸릴 수 있겠다. 직업으로는 두뇌를 살릴 수 있는 일에 종사하는 것이 좋으며, 예술가로서의 자질도 있으므로 본인의 적성을 살릴 수 있는 방향으로 나가면 성공을 거둘 수 있겠다.

양띠 7월생

성격이 쾌활하고 밝으며 싹싹하여 주변 사람들이 좋아하는 형이다. 그러나 소심하고, 꼼꼼한 성격도 있어 작은 일에 신경을 쓰며, 간섭하기를 좋아하여 남에게 귀찮은 사람으로 생각되기도 한다. 호기심도 많고 모험심은 강하나 결단력이 약해서 구체적으로 어떤 일을 결정할 때는 우유부단해지는 수가 많다. 그래서 본인에게 좋은 기회가 오더라도 생각으로 시간을 보내다가 놓쳐버리는 일도 종종 있다. 또한 심리적인 압박을 받기 쉬우므로 스트레스를 적절히 풀 수 있는 방법을 스스로 개발해 두는 것이 유익할 것이다.

겉으로는 점잖고 차분해 보이지만, 속으로는 대단한 정렬을 품고 있어서 야망이 크다. 특히 사랑을 하게 되면 마치 불타듯 하여 열애에 빠지기 쉽다. 따라서 본인의 감정에 치우치기 쉬우므로 상대와의 조화를 생각하면서 신중을 기하는 것이 좋다.

직종으로는 자신의 적성과 능력을 발휘할 수 있는 자유직이 좋으며, 디자이너나 스튜디오의 경영, 또는 매스컴과 관련되는 직업을 가지는 것이 성공 확률이 높다.

양띠 8월생

정신적인 집중력이 뛰어나며 일을 맡으면 끝까지 잘 처리하려는 의지가 강하다. 그러나 때로는 우유부단하여 일 처리에 고심을 하다가 아까운 기회를 놓치는 수도 있다. 견실한 태도 때문에 오히려 일에 대한 요령이 부족할 수 있으며, 속도가 떨어지기도 한다.

한편 남의 평가에 대해 신경을 많이 쓰는 편이라서 이것도 저것도 잘 하려는 성격을 지녀 팔방미인격의 성향으로 흐르기 쉽다. 다른 사람에 대해서는 세심한 신경을 기울이기 때문에 따뜻한 인정미가 넘치는 사람으로 생각된다.

어려서 많은 고생을 할 수 있다. 그러나 고생으로 인한 패배의식 보다는 그것을 밑거름으로 하여 적극적인 인생을 개척해 나갈 수 있어서 오히려 인생 전체로 보아 장점으로 작용한다.

직업으로는 자신의 성실성을 충분히 발휘할 수 있는 의사, 학자, 교사 등이 좋다.

양띠 9월생

섬세한 마음과 예민한 감수성을 지니기 때문에 인기를 많이 얻는 편이다. 다른 사람을 대할 때 편안함과 따뜻함을 항상 견지하는 형으로 부드럽다는 평을 받는다. 그러나 내면으로는 강한 의지가 돋보이며, 기가 세고 질투심도 많아 감정의 폭발이 우려되는 성격이기도 하다.

유행에 민감하며, 감수성이 예민한 만큼 무엇이든 쉽사리 받아들여 자기화하는 데 기질적인 우수성이 있다. 그러나 다른 한편 변덕이 심해서 좌충우돌하기도 한다. 또 재치를 타고나서 임기응변력이 좋지만, 한 가지 일에 집중하지 못하고 매사를 좇아다니기 쉬워 대성하기가 어렵다. 만일 한 가지 일에 집중력을 쏟는다면 다른 사람이 들이는 노력에 못미치더라도 성공할 수 있다.

특히 대화에 능동적이며, 설득력도 강하다. 따라서 세일즈맨이나 서비스업 등에 종사하는 것이 좋다. 또 아나운서나 사회자 등 직업에도 타고난 자질을 살릴 수 있다.

양띠 10월생

포근한 인정과 부드러운 자세를, 그리고 밝고 쾌활한 성격의 소유자다. 매사에 능동적이라는 장점이 있다. 사교성이 뛰어나며, 특히 발표력과 화술이 남다르기 때문에 주변 사람들과 잘 어울리는 형이다. 일에 대한 기획을 좋아하는 성격으로 체계적이고 계통적인 절차나 질서에 익숙하다. 따라서 상사로부터 인정을 받고, 다른 사람보다 한발 앞서서 출세를 할 수 있다.

외형적으로 보면 조금 경박해 보이기 쉽다. 일에 대한 싫증도 곧잘 내기도 한다. 그러나 끈기와 근면성을 생활신조로 삼아 자신이 하는 일 또는 해야 할 일에 철저하기만 하면 어떤 일에 대해서도 성공도가 높다. 그러나 자신을 과신한 나머지 작은 실패에도 지나치게 패배감을 느낄 수가 있으므로 대범한 마음을 기르도록 하는 것이 좋겠다.

우수한 감각을 충분히 살릴 수 있는 분야에 종사하게 되면 성공을 보장받을 수 있다. 시사평론가나 메스컴 계통에서 일하는 것이 적성에도 맞고 능력도 살릴 수 있다.

양띠 11월생

심지가 굳고 신의를 지킬 줄 아는 성품을 지녔다. 한번 맺은 인연은 변할 줄 모른다. 특히 윗사람에 대한 충정이 남다르기 때문에 신임을 받게 된다. 사회적 규율이나 규범을 잘 지키므로 학생 때는 모범학생으로 통하고, 직장생활을 할 때도 모범적인 직장인으로 활동한다. 특히 상사의 말은 매우 순종적으로 받아들여 직무를 수행하기 때문에 윗사람과의 친화력이 높다.

과묵한 편으로 조용한 인상을 풍기지만, 속으로는 강한 의지와 책임감을 가진다. 어떤 장애에 부딪치더라도 과단하게 일을 추진하는 성격으로 인해 포기를 잘 하려들지 않는다. 단 정직하며, 지나친 결벽증이 있어 다른 사람을 대할 때 자신의 속마음을 드러내서 반감을 살 우려가 있다. 다소 거부감을 느끼는 사람과도 잘 융화할 수 있도록 포용력이나 이해심을 기르는 것이 좋다.

직업으로는 남에게 봉사할 수 있는 직종을 선택하도록 하는 것이 좋겠다. 사회복지에 관한 일이나 교사, 간호사, 또는 경찰도 어울린다.

양띠 12월생

묵묵한 성격을 지니지만, 어떤 일을 일단 시작하고 보면 끝까지 밀고 나가는 추진력과 박력이 돋보인다. 대인 관계는 좋고 싫음이 분명해서 친구와 적이 공존한다. 마음에 드는 사람과는 교분을 두텁게 하며, 평생 지기로서 사귄다.

담백한 성격으로 인해서 자신의 생각을 여과없이 남에게 말하여 오해를 사는 수도 있고, 남의 기분을 상하게 하여 뒤에 후회하는 일도 많다. 또 때로는 소심한 마음 때문에 쉽게 상처를 받을 수도 있어서 평소에 스트레스를 푸는 자신만의 방법을 고안해 두었다가 활용하는 것이 정신건강을 위해서도 또 완만한 사회생활을 위해서도 필요하다.

정에 약하며, 가정적인 사람으로서 좋은 반려, 좋은 부모가 된다. 특히 아이들에 대해서는 과보호를 하는 성격이기 때문에 어느 정도 자신의 애정을 억제할 수 있도록 스스로를 통제하는 것이 좋다.

강한 성취욕이나 고집 때문에 집단적으로 할 수 있는 일에 종사하는 것은 바람직하지 못하다. 대신에 혼자서 하는 일이면서 자신의 개성과 능력을 발휘할 수 있는 자유직종에 종사하는 것이 좋겠다.

4. 물형론으로 본 양형(羊形)의 관상

관상학에서 응용되는 근거는 여러 가지가 있지만, 그 중 하나가 바로 물형론(物形論)이다. 물형론이란 얼굴의 생김세를 어떤 비교될 수 있는 사물이나 동물과 관련시켜서 그 성격을 파악하는 것을 일컫는다. 여기에서 사람의 형상을 동물의 형상과 관련시켜 파악하는 관상학이 나오게 되는데, 염소의 모습을 지닌 사람에 대한 관상학적인 이해 역시 그중 하나다.

물형론에서 소위 양형(羊形)으로 치는 얼굴은 풀밭에서 졸고 있는 염소의 상(羊眠草田之像)이라고 부른다. 특징을 들어 보면 팔자형(八字形)의 수염이 나며, 눈이 노랗고, 그 눈으로는 사람을 쏘아보는 듯하다. 또 턱이 표쪽하고, 머리를 흔들어대는 버릇이 있으며, 보통 다리가 짧은 편이다.

이런 형상을 가진 사람은 대개 성격이 맑고, 부자로 살거나 아니면 귀하게 되거나 둘 중 하나를 얻는다. 그러나 성질은 평온하지 못하고 늘 불안하며 불안정할 경우가 많다. 길지(吉地)는 숲이나 들, 마을이나 도시며, 흉지(凶地)는 물이나 불로서 강이나 바다를 조심해야 한다.

5. 12지의 생년(生年)에 따른 궁합

	자	축	인	묘	진	사	오	미	신	유	술	해
子		○	×	♡			×	△	♡	△		
丑	○				△	♡	△	×		♡	×	
寅						×	♡		×		♡	○
卯					△		△	♡		×	○	♡
辰	♡	△		△	×				♡	○	×	
巳		♡	×						○×	♡		×
午	×	△	♡	△			×	○			♡	
未	△	×		♡			○				×	♡
申	♡		×		♡	○×						△
酉	△	♡		×	○	♡					×	△
戌			♡	○	×		♡			△		×
亥			○	♡					△			

위 표는 띠끼리의 관계와 궁합을 나타낸 것이다. 본인의 띠와 다른 사람과의 관계 및 궁합을 맞추어 볼 수 있다.

♡표: 사주에서 삼합(三合)이라고 하는 것으로서 그 만남이 가장 좋은 수다. 이들 세 개가 모이면 화합의 힘이 강해서 무엇이든 잘 인화하고, 풀어갈 수 있다. 결혼운 같으면, 예를 들어 쥐띠와 용띠, 또는 쥐띠와 원숭이띠

가 만나면 천생연분으로 부부애가 남다르다.

○표: 사주에서 지합(支合)이라고 하는 것으로서 그 만남이 비교적 좋은 수다. 이 표에 해당하는 사람이 만나면 서로 알맞은 도움을 주고 받는다.

△표: 사주에서 파(파)나 해(해)로 불리는 관계로 이들이 만나면 불화가 잦다.

×표: 사주에서 상극으로 보는 관계로서 이들의 만남은 결국 서로에게 상처를 준다.

산 양 : 서로를 의지삼고 있는 모습이 몹시 다정해 보인다.

Ⅷ. 양띠해와 관련된 역사적 사실 및 민속 현상

1. 십이지(十二支)와 기년(紀年)

　결혼한 남자들이 거의 매년 경험하는 일이겠지만, 결혼기념일이 되면 부인으로부터 뭔가를 기대하는 압력(?) 비슷한 것을 느낀다. 결혼은 단지 한번 했을 뿐이다. 결혼을 두번 세번 하겠다는 남자가 있으면 아마 부인으로부터 호된 곤욕을 치를 것이다. 그럼에도 불구하고 기념이라는 말이 붙어 매년 그날이 되면 어김없이 기대에 찬 눈을 의식해야 된다. 한번의 일로 치르고만 결혼, 왜 그것이 매년 반복해서 우리를 괴롭힐까?

　시간에 대한 인식은 크게 두 가지로 대별된다. 하나는 순환형 시간관이라 하고, 다른 하나는 직선형 시간관이라고 한

다. 순화형 시간관은 신화적 시간관이라고도 불리는데, 이러
한 명칭 자체가 시사해 주듯 시대적으로는 신화시대로부터
비롯된 보다 오래된 인류의 시간관이 그것이다. 그러나 설명
과 이해의 편의를 위해 직선형 시간관부터 이야기해 본다.

직선형 시간관이란 말 그대로 시간이 과거, 현재, 미래의
순에 따라 일직선상으로 끝없이 진행된다고 보는 관념이다.
이는 아리스토텔레스로부터 비롯된 것이어서 아리스토텔레
스의 시간관이라고도 부른다. 현재 우리가 사용하고 있는 캘
린더식의 기년이라고 하는 것도 사실은 이러한 직선형 시간
관에 따라 시간을 인식하고, 또 역사를 편년지은 것임은 두
말할 나위가 없다.

그러나 순환형 시간관에서는 시간을 무한히 한 방향으로
흘러가는 종적인 운동이라고 보지 않는다. 일정한 단위를 설
정하고, 그 단위에 따라 늘 시간이 반복 실현된다고 관념한
다. 그래서 일정한 단위의 시간이 순환되고 나면 이전의 시
간은 완전히 없어지고 새로운 시간이 시작된다고 보는 것이
다. 이것은 아침에 해가 떴다 저녁에 지는 주기에서 하루를,
달이 찼다 기우는 주기에서 한 달을, 태양의 주기를 좇아 한
해를 설정했던 것으로 고대인들의 자연에 대한 관찰과 그에
따른 인식이 소위 자연력의 시간관을 구성하게 되었다.

순환형 시간관은 원시적이며, 신화적이다. 그러나 이것이
오늘날 합리적인 사고를 하며, 직선형 시간관에 익숙해 있는
현대인들에게서 완전히 없어졌느냐 하면 그렇지 않다. 민속

으로 보면 설명절, 추석명절 등이 모두 순환형 시간관에 의거한 세시풍속이다. 대보름날 밤에 아이들이 남의 집에 오곡밥을 얻으러 다니면서 "작년에 왔던 각설이 올해도 안죽고 또 왔네"하는 사설의 각설이 타령을 부른다. 세시가 일년을 주기로 하여 다시 보름을 기점으로 시작된다고 하는 의미를 가진 노래여서 주목을 끈다. 사람들은 모두 생일을 기억한다. 직선형 시간관으로 보자면 탄생은 단지 일회적인 사건에 지나지 않는다. 그러나 사람들은 매년 생일을 챙긴다. 국경일이라는 것도 직선형 시간관으로 보자면 역사적으로는 일회적인 사건에 지나지 않는다. 3·1절은 다만 1919년에 한번 일어났던 사건이며, 8·15는 1945년에 한번 뿐이었다. 그러나 매년 반복하여 기념식을 올리고 있다.

이러한 시간의 단위는 단지 일년을 주기로 해서만 반복되는 것은 아니다. 일, 월과 같이 해보다 작은 단위나 오히려 더 큰 단위로서의 주기도 얼마든지 있다. 장사하는 사람에게 첫손님은 중요한 의미를 지닌다. 마수라고도 부르는 첫장사가 하루의 재수를 결정짓는다고 믿는다. 그러나 그 시효는 단지 하루만이다. 다음날은 전혀 다른 날이다. 시골에서 동제를 지내야 할 달에 마을에 궂은 일이 있으면 다음달로 미룬다. 이것은 달이 주기가 되고 있는 예다. 또 현재 일본의 경우처럼, 예전에는 우리나라나 중국의 경우도 왕호에 따라 편년을 지었다. 왕은 곧 우주와 일치되는 존재로 인식되어 등극하면서 새로운 우주가 개시되고, 죽으면 그 우주는 없어진다는 관념에서 왕호로서 기년을 삼게 되었던 것이다. 이렇 듯 직선형 시간관으로 보면 매우 불합리하기 그지 없는 일 들을 우리는 매번 경험하고 반복해내고 있는 것이다.

문자가 만들어졌다고 해서 말이 없어지지 않는 것처럼, 우 리의 생활이나 의식 속에는 직선형 시간관이 거의 절대적인 시간관인 것처럼 인식되면서도, 다른 한편에서는 지금도 순 환형 시간관이 크게 작용하고 있는 예들이다. 결혼기념일이 비록 귀찮고 다소간 비용이 들더라도 이런 이유 때문에 감 수할 수밖에 없다.

이러한 순환형 시간관을 대표하는 것이 바로 간지(干支)에 의해 기년(紀年)을 하는 것이다. 속설에 쥐띠, 소띠, 양띠, 돼 지띠 등을 말하는데, 여기서 말하는 '띠'라는 것도 따지고 보 면 순환형 시간관과 전혀 무관하지 않은 듯싶다. 띠라는 말 이 기록으로 처음 보인 것은 1961년판 이희승의 『국어대사 전』이다. 이 말이 1963년에 이형표 감독의 '말띠 여대생', 김 기덕 감독의 '말띠 신부'와 같은 영화들이 상영되면서 민간 에 두루 퍼졌던 것으로 알려지고 있다. 그러나 이전에 띠라 는 말이 전혀 없었던 것은 아니다. 단지 기록이나 사회적으 로 알려지게 된 계기가 그렇다는 말이다.

아직 띠라는 말에 대해 국어학적으로 밝혀진 바는 없지만, 고어(古語)에서 띠는 허리띠 또는 수레의 바퀴라는 의미였 다. 여기서 허리띠의 의미도 그렇지만, 바퀴라는 말에서도 역시 십이지를 뜻하는 띠의 의미를 유추해낼 수 있을 것으로 생각된다. 12지란 쥐띠부터 돼지띠까지 각기 하나씩의 동물들이 대응하여 열두 개의 고리를 만든다. 또 일년을 주기로 할 경우도, 해당되는 달에 대응하여 하나의 주기를 구성하는 둥그런 바퀴의 모양을 띤다. 그런데 이것은 단지 시간 단위에 국한되지 않는다. 지금도 경주지방에서 볼 수 있듯이, 신라시대 십이지상은 왕릉이나 탑파에 수호신으로 사용되었다. 무덤 주위에 부조를 하여 십지지상을 신장으로 삼아 호석을 둘렀던 것이다. 이는 십이지상이 각기 하나씩 열두

신라 35대 경덕왕릉
경덕왕은 중앙집권제 및 왕권 강화를 위한 왕릉 주위에 호석을 세우도록 했다.

방향을 수호하는 것으로 믿어졌기 때문이다.

12년과 열두달, 그리고 열두 방향이 모두 십이간지로 해석되고 있는 바, 이는 시간과 공간의 한 주기 또는 단위를 뜻

하는 것으로 하나의 바퀴 모양과 다를 바 없다. 띠를 끈과 비교해 보면 이러한 사실을 짐작하기가 훨씬 용이해 진다. 끈은 길이로 산정되며 묶는데 이용되는 것에 반해서 띠는 원형으로 연상되며 두르는데 사용된다. 둥근 모양의 주기성을 취하게 되면서, 띠라는 말이 이제 십이지의 구체적인 동물과 관련지어져 무슨 띠 무슨 띠 하고 부르게 되었을 개연성이 높다.

본래 십이지가 동물로 상징되었던 것은 아니다. 기록으로 보자면 동물과 관련된 것은 중국 한나라시대의 왕충(王充, A.D.27-100?)의 『논형(論衡)』에 처음 보인다. 본디 이것은 십간과 마찬가지로 만물이 매월마다 발생하여 자라고 번성하였다가 노쇠하여 죽었다가 다시 소생하는 순서를 상징한 것이었다. 이미 중국 은나라시대 때 십간과 십이지에 대한 관념이 있었고 이것이 후대로 오면서 음양오행과 결합되고, 또 한나라시대에 와서는 십간과 십이지가 상합을 이루면서 매우 복잡한 형태로 발전되어 갔다. 지금 사용되고 있는 육십갑자는 한나라시대에 와서야 완성된 것으로 보고 있다.

한편 십이지상이나 띠에 보이는 동물과 관련된 십이지는 본디 중국의 사상에서 나왔다기보다는 오히려 다른 나라로부터 문화수용과정에서 이루어졌을 가능성이 논의되고 있다. 왜냐하면 본래 십이지가 중국에서 전혀 동물과 관련없이 시간과 공간의 단위를 이산하는 상징적 단위로 상용되었기 때문이기도 하고, 다른 한편에서는 옛날에 중국과 문화적 교류가 있었을 것으로 판단되는 고대의 문명국들에서 이러한 관념이 찾아지기 때문이기도 하다. 인도의 경우는 남방에 독사(毒蛇), 말(馬), 양(羊) 등을, 서방에 미후(獼猴), 닭(鷄), 개(犬) 등을, 북방에 돼지(猪), 소(牛) 등을, 동방에 사자(獅子), 토끼(兎), 용(龍) 등을 각기 배치하였고, 바빌론이나 이집트의 경우도 십이궁(十二宮) 또는 십이수(十二獸)라 하여 이와 유사한 관념이 있었다. 이와는 달리 만주를 비롯한 북방의 수렵민족들이 자·축·인·묘를 쓰지 않는 대신 직접 동물명으로 기년을 했던 것에서 오히려 십이지의 동물화는 북방 수렵민족의 영향을 받아 이루어진 것이 아닐까 하고 생각하는 시각도 있다. 멀리로 보면, 북방수렵민족과 혈통을 같이하는 아메리카 인디언들의 경우 역시 동물명으로써 그 해의 이름을 삼았던 민속이 확인된다.

　그 원인이야 어찌되었든 우리나라 고대의 유물과 유적에서 십이지신상이 발견되고 있는 것으로 보면, 상당히 오래전부터 중국으로부터 십이지 또는 간지에 의한 기년의 방식을 차용했으며, 띠풀이 등에 관한 우리나라의 풍습이 이루어졌다는 사실을 짐작할 수 있다.

2. 양띠에 대한 민속적 인식

　십이지의 하나에 속하는 양 또는 양띠의 민속은 여타 다른 동물에 비해서 풍부하지 못하다. 신앙동물이거나 가축으로서 기대나 역할이 컸던 다른 십이지 동물들에 반해서, 양은 직접적인 일상과는 거리가 있어서 이러한 현상이 나타나지 않았을까 싶다. 다만 십이지라는 한 세트 속에서 인식된 예가 많다. 토속화되는 사이에 염소로 말해지는 것이 바로 이러한 인식의 반영일 것이다. 동제에 사용되었던 축문에 보면 오축(五畜) 또는 육축(六畜)의 번식을 비는 내용이 많은데, 이 경우더라도 오축(육축)의 하나로 양을 꼽은 것이 아니

양 호석(羊護石) 밖을 향해 봉분을 호위하는 형상으로세워지는데, 사악함을 물리치고 명복을 비는 뜻을 지닌다. 서울 서초구 헌인릉 소재.

라 염소의 번식을 비는 내용이었을 것으로 생각된다.

양띠와 양이 우리 민속에서 어떤 상징적 의미를 가지느냐

하는 것은 앞으로 보다 많은 민속 사례가 찾아져야만이 확
인될 수 있을 것이다. 일반적으로 말해서 양의 선하고 순한
성질로 인해 그런 뜻으로 자주 비유적 언어로 사용되기도
하지만, 이것은 어디까지나 비유일 뿐 상징은 아니다. 상징
과 비유의 본원적인 차이는, 비유가 원과념과 보조관념의 관
계를 논리적으로나 정서적으로 설명 가능한 데 반해서, 상징
은 둘 사이의 관계가 어떤 식으로든 설명되지 않는다는 것
이다. 애초에 비유였다가 오랜 시간이 경과하여 원관념과 보
조관념의 끈을 상실했을 때 상징으로 바뀌는 경우도 더러
있다. 양이 하나의 상징으로 사용된 예는 12지에 대한 신앙
적 사례나 일반화된 관습 속에서 확인되어야 할 문제다.

　비록 우리 민족이 상고대에 양을 기르는 유목계통의 한
지파인 기마민족 또는 기마문화의 영향을 짙게 받았다고 하
더라도, 유목 경제를 실제로 영위했던 것은 아니기 때문에
12지의 하나로 믿어져 온 양에 대한 이해가 필수적일 수밖
에 없다. 특히 12지관념이 민간 속에 일반화되는 과정에서
빚어졌을지도 모를 양의 상징성을 다양하게 찾아보는 것이
우선 급선무일 것으로 생각된다.

3. 양띠의 인성(人性)

　앞에서 미년생(未年生)의 운세에 대해서 말한 바가 있지

만, 그것은 주역으로부터 비롯된 명리학(命理學)에 나타난 것이었다. 여기서 말하고자 하는 양띠생의 인성은 구비전승되는 우리의 민간지식으로서의 그것이다.

혈액형을 물어 사람의 성격을 짐작하듯, 띠를 물어서 역시 성격을 말하기도 한다. 토끼띠라 겁이 많다, 뱀띠라 지혜롭다, 닭띠라 성급하다는 등의 말이 그것이다. 실제 어떤 띠에 태어났느냐가 그 사람의 성격을 선천적으로 결정하는 것으로 보기는 어렵다. 하지만 띠와 사람의 성격이 전혀 무관하다고 보기도 어렵다. 왜냐하면 일단의 성격은 살아가면서 형성되기도 하기 때문이다. 그런 관계로 너는 무슨 띠어서 어떻다는 말을 자주 듣게 되면, 또 그런 사실을 늘 생각하게 되면 자신도 모르는 사이에 사회적 지식인 띠와 인성과의 관련을 무의식적으로 맺게 되어 자기화할 수 있다. 성장과정에서 겪게 되는 일종의 사회화라는 최면에 걸리게 된다.

양띠인 사람은 대개 온순하다고 한다. 양이 마치 순한 동물의 상징처럼 되어 그러한 말이 통용된다. 순한 사람을 일러 법 없이도 살 사람이라 하는데, 양띠인 사람을 일러 하는 말이기도 하다. 법(法)은 그 이전에 예(禮)였다. 법을 지키는 것, 그것은 예를 지키는 것이다. 또 예 이전에는 종교적인 금기(taboo)였다. 금기는 파기되기 위해서 있다고도 하지만, 사실은 그것을 지키기 위해 있는 것이다. 본원적으로 법이든 예든 타부든 이 모두가 집단적 생활과 그에 따른 질서 및 규율의 준수라는 차원에서 필요한 장치들이다. 양은 이미 생득적으로 군집생활을 하면서 사회적인 성원으로서 질서를 잘 지키는 품성을 하늘로부터 받고 태어났다. 따라서 양과 같은 사람이라는 말뜻은 선하고 순해서 사회적 질서나 규율을 준수하는데 편안한 사람을 뜻한다. 양띠에 태어난 사람을 양과 동일시하는 데서 오는 일반적 관념은 이렇듯 착하고 남에게 해를 끼치지 않는 사람이라는 생각으로 통한다.

하지만 양은 높은 곳에 오르기를 좋아하고, 맹랑하며, 잘 놀라기도 한다. 그래서 양띠인 사람을 방정맞다거나 경망스럽다거나 하는 부정적인 성격으로 파악하기도 한다. 특히 우리나라에서는 양과 염소를 대개 구별하지 않았던 관계로 염소의 성격을 들어 양띠인 사람을 경거망동하는 성격으로 말하기도 한다.

또한 돼지나 소는 몰고 가는 것에 반해서 염소는 끌고 간다. 사람이 앞서야 따라오는 것이다. 또 소의 고집에 못지 않게 염소의 고집도 대단하다. 소고집이라는 말이 하나의 낱말로서 통용되듯, 염소고집이라는 말 역시 하나의 속담으로 우리 사회에서 관용되고 있다. 따라서 염소의 이러한 성격을 취해 양띠인 사람의 부정적인 성격을 말하는 예도 있다.

4. 양띠해에 일어난 역사적 사건

양띠해에 일어난 대표적인 역사적 사건을 시대순에 따라

정리해 본다.

1) 194. B.C(丁未)

연나라에서 이민족에 대한 한족(漢族)의 박해를 피해 도망한 위만이 기자조선을 친 후 왕검성에 도읍을 정하고, 고조선의 기준왕은 남쪽으로 도망하여 한(韓)에 이르러 한왕을 칭했다. 서동요의 작가인 서동이 곧 기준이라는 설이 있으며 현재 익산시에 그와 왕비(선화공주)의 무덤이 있다.

2) 371. A.D.(辛未)

고구려가 백제를 침입하자 백제 역시 평양성까지 공격하여 고구려의 고국원왕(故國原王)을 죽였다. 고구려에서는 소수림왕이 즉위하였으며, 백제는 한산(漢山)으로 도읍을 옮겼다.

3) 479(己未)

신라의 백결선생이 가난해서, 명절에도 떡을 하지 못하는 아내를 위로하기 위해 방아타령을 지었다.

4) 527(丁未)

신라의 법흥왕 14년, 처음으로 불교를 공인하였다. 혹은 불교 공인이 다음해인 무신년이라고도 한다.

5) 551(辛未)

가야에서 악사인 우륵이 신라에 투항하여 왔으며, 신라에서는 이 해 처음으로 백좌강회(百座講會)와 팔관회법(八關會法)을 설치했다.

6) 647(丁未)

신라에서 진덕왕 1년, 세계 최초의 천문대인 첨성대를 세웠다.

7) 695(乙未)

신라 소지왕 4년, 자월(子月-11월)을 정월로 정했다.

8) 839(己未)

신라에서 장보고의 도움을 받은 김우징과 김예징, 김양 등이 모반을 일으켜 민애왕을 죽이고, 김우징이 신무왕으로 즉위했다. 청해진대사 장보고에게 감의군사(感義軍使)의 직을 내렸다.

9) 851(辛未)

신라의 문성왕 2년 2월에 청해진을 없애고, 주민들을 벽골

군으로 이주시켰다.

　10) 911(辛未)

　신라 효공왕 15년, 궁예가 국호를 태봉(泰封)이라 고치고, 연호를 수덕만세(水德萬歲)라 하였다.

　11) 935(乙未)

　신라의 경순왕이 나라를 걷우어 고려의 태조 왕건에게 바쳤다. 이로써 신라는 56왕 992년만에 나라가 망하였다. 후백제에서는 신검이 아버지 견훤을 쫓고 왕위에 올랐다.

　12) 1019(己未)

　고려 현종 10년 2월 강감찬이 구주에서 거란군을 대파했다.

　13) 1271(辛未)

　고려 원종 12년 5월 김방경과 몽고군이 진도를 공략하여 함락시키자 삼별초군은 제주도로 도망갔다.

　14) 1451(辛未)

　김종서 등이 고려사를 개찬했다.

15) 1483(丁未)

조선 성종 18년 1월 각 도에 경작이 가능한 토지에 둔전을 두었고, 2월에는『동국여지승람』을 간행하다.

16) 1691(辛未)

숙종 17년 12월 성삼문 등 사육신을 복작(復爵)시키고 사액을 내려 제사를 모시게 하다.

17) 1715(乙未)

숙종 42년 4월 중국에서 역서(曆書), 측산기계(測算器械), 자명종(自鳴鍾) 등을 얻어 왔다.

18) 1799(己未)

정조 23년 서학이 널리 보급되어 조정에서 이에 대한 대책을 논의했다.

19) 1811(辛未)

순조 11년 12월 용강 사람 홍경래가 난을 일으켜 가산, 이서 등 8개군을 함락시켰다.

20) 1823(癸未)

순조 23년 7월 경기, 전라, 경상, 황해 등 6도의 유생들이 만인소(萬人疏)를 올려 서얼(庶孽)의 임용을 요청했다,

21) 1847(丁未)

헌종 13년 6월 프랑스 군함 글롸르호가 지난해 세실선장이 준 글에 대한 회답을 구하러 오다가 전라도의 군산열도 해안에서 좌초하였으며, 8월에는 이들이 조선배를 빌어 타고 상해와 연락을 취해 영국배 3척을 불러 타고 돌아갔다.

22) 1871(辛未)

고종 8년 3월에 사액서원 47개소만 남기고 전국의 서원을 철폐하였다. 3월 동학교조의 순교일을 맞아 영해부(寧海俯)에서 민란이 일어났다.

4월에는 미국의 군함이 강화도를 침략한 신미양요가 일어났다. 4월 척화비를 세웠다.

8월에는 진주민란의 주모자 이필제가 조령에서 반란을 꾀하다 관군에게 체포되었다.

23) 1883(癸未)

고종 20년 1월 태극기를 국기로 정했다. 2월 최시형이『동국대전(東國大典)』1천권을 간행 배포했다. 6월에는 일본과

통상조약을 체결했다.

24) 1895(乙未)

고종 32년 3월 전봉준이 사형을 당했다. 8월 을미사변이 일어나 민비가 일본군에 의해 피살을 당했다. 11월 15일 단발령을 내리고 국왕 자신도 단발을 했다.

11월 17일을 개국 505년 1월 1일로 하여 양력을 쓰게 했다.

유길준의 『서유견문록』이 간행되었다.

25) 1907(丁未)

순종 1년 1월 대구에서 국채보상운동이 일어났다. 4월에는 이상설과 이준열사 등을 헤이그의 만국평화회의에 밀사로서 파견했다. 8월에는 황제의 양위식을 거행했으며, 군대가 해산되었다.

9월 서울에서 최초로 박람회가 열렸다.

전국적으로 의병이 일어났고, 안창호, 이갑 등이 신민회를 결성했다.

26) 1919(己未)

1월 고종황제가 승하하여 3월에 국상이 거행되었다.

3월 1일 한국 민족대표 33인이 태화관에 모여 기미독립선

언서를 낭독하고 독립운동이 시작되었다. 3월에 상해에 대한 민국 임시정부가 수립되었다.

5. 양띠 해에 거는 기대

공자를 읽어도 그가 살았던 당시의 세태를 몹시 우려하고 있는 내용을 본다. 어느 시대 어느 지역을 막론하고 사람이 사는 사회에 문제는 있다. 소위 성인이나 위인이라고 불리는 사람들은 그 나름대로 사회에 대한 책임의식이 강했던 만큼 인정과 세태에 대해 예민한 촉수로서 사회적 병통을 진단했다. 또 여기에 대해 하나의 치유책으로서 이상적인 방안을 제시한 예도 많다. 종교든 사상이든 그런 예는 인류의 전체 역사를 통해 그리 어렵지 않게 찾아진다.

우리나라 역시 삼국시대, 고려시대, 조선시대를 관류해 오면서 그 시대를 살았던 역사적 인물들이 나름대로 아픔을 토로한 예가 많다. 퇴계나 율곡을 읽으면 금방 나라가 망하기라도 할 것처럼 위기의식을 느끼고 있었다는 것을 알 수 있다. 이런 시대적 엘리트들이 그들이 살던 시대적 상황을 걱정했던 것은 어쩌면 인류사의 보편적 현상일 수도 있다. 따라서 걱정 아닌 걱정을 늘어놓고 있다고 판단하면 그것으로 그만이다. 이런 판단이 거시적으로 또는 대범하게 느껴진다면 그것은 어쩔 수 없는 일이다. 보다 중요한 것은 이런 느낌을 대범하고 거시적이라고 느끼는 것부터가 먼저 잘못된 것이다. 오히려 크게 본 것이 아니라 거칠고 대충만 보고만 때문인 것이다.

동서양의 많은 선각자들이 금세기를 위기의 시대라고 진단하고 있다. 특히 서구의 지식인들의 경우가 매우 심각한 것으로 말해지고 있다. 산업화의 성공을 통해서 놀라운 문명을 건설하고 보니 그 그림자 속에 진정한 인간의 모습은 감춰지게 된 것이다. 인간이 부재하는 문명이란 무가치한 것이다. 기계문명이라는 거대하고 게걸스런 괴물이 인간을 송두리채 삼켜버린 꼴이다. 서구에서는 이런 인간 부재 또는 심성의 황무지화를 비판하는 가운데 동양의 건강한 정신을 배워야 한다고 떠들고 있다.

그들에 비하면 우리 동양인들은 정신적 안식을 누리면서 살아왔다고 할 수도 있다. 하지만 이 역시 거치른 생각이다. 오히려 적극적이며, 주체적으로 문명을 건설했던 서구인들에 비해 근대화 또는 현대화라는 명목하에 거의 맹목적으로 서구화를 추종해 왔던 동양에서 더 큰 문제가 발생한 것이다. 말하자면 자아의 상실, 전통의 부재 등이, 산업화에 의해 기계가 배출하는 오염물질과 함께 쏟아져 나오게 된 것이다. 건강한 삶보다는 편안한 삶을 추구했고, 자신의 것보다는 남의 것을 좋아했던 관계로 그 결과 매우 초라한 오늘의 모습을 남기게 된 것이다.

우리는 순하고 선한 사람을 보면 양같은 사람이라고 한

다. 양은 사람이 이미 길들이기 전부터 그렇게 연약한듯 순하고 꿈꾸듯 선한 동물이었다. 오늘의 인정과 세태가 각박해지고 또 엽기적인 사건과 사고를 접할 때마다 느끼는 것은 양같은 삶이 필요하다는 것이다. 한자어에 무리를 뜻하는 말은 군(群)이다. 군자인 君과 순한 羊이 모아져 하나의 글자가 만들어졌다. 본래 양이 군거생활을 하는 데서 착안한 성어이기는 하지만, 거기에 군자연한 모습이 담겨 있는 것이고 보면 비록 무리지어 살더라도 남에게 해악을 끼치지 않는 군자로서의 의연함과 품위, 그리고 공생의 지혜가 함께 기대되는 것이다.

갈수록 각박해져 가는 시대를 접하면서 양띠 해를 맞게 되면 금년만큼은 양처럼 순하게 살고, 또 무리지어 평화롭게 사는 양 떼처럼 그렇게 사회가 안정되고 서로 믿고, 또 함께 살아서 좋은 사회가 되었으면 하는 바램을 항상 가지게 된다.

IX. 양과 관련된 언어 및 일화

1. 문자

1) 미(美)

아름다운 것만큼 아름다운 것은 없다. 한편 진리도 아름답고, 선한 것도 아름답다. 아름다움이란 진·선·미를 포괄할 수 있는 말이어서 더욱 아름답다. '아름답다'라는 우리말은 한 아름이라는 말에서 알 수 있듯이, 두 팔을 벌려 안을 수 있는 만큼을 뜻한다. 보듬고 소유할 수 있는 최대의 한계치다. 그러나 여기에 답다라는 말이 부가되어 추구하는 바 기대치까지를 함의한다.

한자어로 아름다울 미(美)는 양(羊)과 대(大)가 합해져 만들어진 글자다. 본래 중국 한족의 문화적 정통은 주나라에 두었다. 공자의 『춘추(春秋)』가 바로 주나라의 역사서요, 여기에서 중국 역사의 정통성을 찾는 관계로 주나라의 문화와 민족이 한족의 핵심을 차지했다. 주나라는 본디 유목생활을 하던 민족이었다. 유목생활에서 가장 중요한 것은 말할 것도 없이 양이다. 가장 중요한 것이 양이요, 그것이 크다는 것은 최고치를 의미하는 뜻이 내재되어 있으며, 또 그것이 크다는 것은 바라는 바 기대치를 충족시키는 것이기 때문에 우리말 아름답다는 말과 의미가 상통한다. 또 맛이 멋과 통하는 이치다.

유목사회에서 양은 단순히 먹거리만은 아니었다. 고기는 먹고, 가죽과 털은 옷을 만들기도 했고, 또 유목생활의 필수품인 텐트와 덮을 것으로 사용하기도 한다. 말하자면 양은 의식주 전체와 관련되는 중요한 산물인 셈이다. 그렇게 필수적인 양이 크다는 것은 곧 만족을 뜻한다. 아름답다는 것이 정서적 만족 또는 심성의 충족을 뜻하는 말이라고 할 때, 일상의 생활로부터 비롯된 양에 대한 기대가 심의적 현상이나 또는 충족의 대상화라는 과정을 거쳐 추상화로의 발전을 낳은 것이다.

2) 선(善)

양(羊)자에 말씀 언(言)이 둘 붙어 착할 선(善)자를 이룬다. 양은 예로부터 선의 표상인 양 생각되었다. 오랜 옛날부터 가축으로 길들여진 양은 결코 주인의 마음을 거스르는 일이

없고, 주인의 말을 거역하는 법이 없다. 흔히 양처럼 선하다
거나, 양처럼 순하다는 말을 쓰는데, 이런 말이 통용될 수 있
는 것은 양의 그런 속성을 누구나 인정하고 있기 때문일 것
이다. 양은 혼자서도 선하지만, 무리를 지어 살면서도 결코
다투는 법이 없다.

특히 동양적인 사고로 보면 선(善)은 서양의 그것과는 달
리 개념적이거나 관념적인 것이 아니라 실천적이며, 일상 속
에서 발현되는 것이었다. 동양의 학문이 목적하는 바는 항상
성인이 되는 것이었다. 서양의 학문이 객관적 진리를 문제삼
는 것과는 사뭇 다른 인문적 발상이다. 동양적 의미에서의
성(聖)은 또한 종교적인 의미의 그것과는 다르다. 종교적인
신성이 아니라 윤리적인 지선(至善)의 심성이기 때문이다.
마치 양이 사람을 거역하지 않듯, 인간 역시 천리를 거역하
지 않을 때, 또는 천리를 증득하였을 때 지선에 이르게 된다.
공자도 인생을 말하면서 나이 칠십이 되자 마음의 하고자
하는대로 하되 하늘에 거스름이 없었다고 했다. 성인은 지선
의 윤리적 수양이 완성된 단계이며, 곧 천리(天理)와 인욕(人
欲)이 하나된 경지를 실현한 사람이다.

인간은 지혜로 살지만, 사회는 선이 바탕이 되어야 바로
선다. 선과 대립되는 개념을 설정하고 보면 그런 사실은 아
주 명확해진다. 선의 반대는 말할 것도 없이 악이다. 악은 경
계되어야 하며, 추방되어야 한다. 선은 가까울수록 좋고, 악
은 멀수록 좋다. 양처럼 사는 인생, 양처럼 무리지어 사는 삶

에서 그들이 가진 천성인 선한 심성을 배우는 것이 옳다.

3) 의(義)

양(羊)자와 나 아(我)자가 모여 의(義)를 이루었다. 의를 맹자는 수오지심(羞惡之心)이라 하였다. 수오는 부끄러움과 미움이다. 부끄러움과 미움은 주체와 객체 사이의 관계에서 경험하게 되는 느낌이다.

스스로의 행위를 객관화해 보아서 사리나 도리에 맞지 않을 때 부끄러움을 느낀다. 부끄러움은 칠정(七情) 중 두렵다는 뜻의 구(懼)와 상통하는 정서이기도 하다. 부끄럽다는 것은 곧 하나의 두려움인 것이다. 남에게 부끄러운 일을 하기 전에 우선 두려움을 느낀다. 도둑질을 한다고 가정해 보면 금방 이해가 되리라 믿는다. 그것은 부끄러운 일이어서 두려운 일이기도 하다. 하지만 부끄러움이 단지 정서의 하나로서 두려움을 의미하는 것은 아니다. 오히려 부끄러움으로 말미암아 인간은 정의를 숭상하고, 창조를 실현하는 역동적 세계를 마련할 수 있었다. 에덴동산에서 쫓겨난 아담과 이부는 맨처음 자신의 치부를 감추었다. 부끄러움을 알았기 때문에 그런 것이기도 하지만, 최초로 인간이 안 것이 바로 부끄러움이었다는 점에서 시사하는 바가 크다. 부끄러움이 없으면 몰염치한 것이다. 몰염치는 막된 인간이 누리는 특권과 같다. 부끄럽지 않기 위해서 인간은 모든 노력을 다한다. 윤동주의 시에서처럼 하늘을 우러러 한 점 부끄러움이 없는 삶이 충실한 삶이요, 아름다운 삶이다. 양은 이러한 의미에서 부끄러움이 없는, 다시 말해서 자신에 충실한 나머지 결코 죄를 짓지 않는 순정한 생활을 꾸린다.

한편 미움이란 객체가 주체를 인정해주지 않을 때 느끼는 심성이다. 모든 존재는 자존심을 지키려 한다. 그것이 남에 의해 피해를 받게 되면 미움이라는 감정이 발동하게 된다. 양은 지극히 선하고 순하지만, 그에게도 뿔이 있다. 양의 뿔이 그에게서 단순히 장식용이나 과시용은 아니다. 순한 사람이 화를 내면 더 무섭다고들 한다. 사실인 즉은 맞는 말이다. 양도 화를 내면 무섭다. 날카롭고 잘 발달된 뿔로 방어를 위한 공격을 하는 것이다. 그것은 미움과 증오 등이 겉으로 드러날 때 보이는 행위다.

부끄러움과 미움은 자아를 지키고, 또한 자아를 실현시키는 기제라는 점에서 매우 중요한 가치를 가진다. 특히 그것을 추상화하여 의라고 했을 때, 그 의가 바로 羊과 我의 합성으로 이루어진 글자라는 점이 흥미를 끈다.

4) 상(祥)

귀신을 뜻하는 시(示)에 양(羊)자를 붙여 상서롭다는 뜻이 되었다. 앞에서 한자가 유목생활을 했던 주나라의 문화적 전통과 관련된다는 점을 밝힌 바 있지만, 유목사회에서는 양을 신에게 희생으로 바친다.

신을 실존적인 것으로 믿던 고대사회에서 신과 인간의

양석 섬돌
전남 나주시 남평읍 남평향교 대성전의 섬돌

관계가 완만하다는 것만큼 큰 소망은 없었을 것이다. 삶을
총체적으로 관장하는 것이 신이라고 믿었던 때문에 신과의
관계는 그만큼 중요한 것이었다. 신과 인간의 관계는 공생을
위해서 항상 하나의 경제관계를 구성한다. 주고 받는 것이
다. 인간은 신에게 제물을 바치고, 신은 인간에게 복을 내린
다. 이러한 거래행위가 원만하게 이루어지는 것은 곧 삶이
원만해지는 것이기 때문에 중요한 것으로 믿어졌던 것이다.
따라서 신에게 제물을 바치는 것은 다음에 기대되는 반대급
부까지를 생각했을 때 일종의 상서로운 기분을 직감할 수
있게 된다.

5) 군(群)

무리를 뜻하는 군(群)은 군(君)과 (양)羊이 모여 만들어졌다. 무리를 지어 살되 아무 무리없이 지내는 양이 마치 군자와 같은 품성을 지닌 것으로 해석되어 만들어진 글자다. 무리를 이루게 되면 여러 개성들이 이합집산을 이루기 때문에 항상 뭔가의 문제가 발생할 소지가 높다. 그러나 양은 이미 무리를 지어 사는 것이 하늘로부터 받은 품성이기 때문에 그 자체로서 만족을 누리며 살아가게 된다. 양이 단순히 무리를 지어 산다는 것만이 아니라, 거기에 군자를 뜻하는 말이 함께 결합되어 쓰이고 있다는 시사점을 생각해야 할 줄로 안다.

양떼라는 말은 개미떼, 벌떼, 떼거리 등의 말과는 다른 어감을 우리에게 준다. 성경에 자주 양떼가 언급되고 있는데, 바로 목자와 양떼와의 관계를 빌어 비유적인 의미로 사용하고 있는 예가 많다. 본래 유목경제를 영위하던 유대인들이고 보면 그들의 생활에서 흔히 경험할 수 있는 것이 바로 양떼요 목자였기 때문에 평이한 말로 진리를 궁구하려는 성경에서 자연스럽게 양떼와 목자의 관계가 자주 인용될 수 있었던 것이다.

6) 양(養)

기른다는 뜻의 양(養)은 양(羊)과 식(食)이 모여 글자를 이루었다. 본래 이는 양을 먹여 살린다는 뜻이 아니라, 살진 양으로 음식을 만들어 어른을 공양한다는 의미에서 나왔다. 그러나 이 둘의 의미를 합해서 어른을 공양하기 위해 양을 살지게 먹여 기른다는 뜻으로 보아도 좋겠다. 양고기는 부드럽고 기름지기 때문에 어른을 공양하기에는 알맞은 음식이다.

그러나 뜻이 여러 가지로 활용되면서 반드시 윗사람을 모신다는 의미만 아니라, 무엇을 기른다는 뜻으로 일반화되어 쓰이는 예도 흔하다. 말하자면 양을 먹여 기르는 것과 같은 의미로 활용되고 있는 것이다. 양돈(養豚), 양계(養鷄), 양어(養魚), 양목(養木), 양잠(養蠶)과 같은 성어가 그런 예다. 또한 양덕(養德), 양망(養望), 양성(養性)과 같이 훌륭한 심성을 닦고 기른다는 뜻으로서 덕성 수양(修養)을 지시하기도 한다.

한편 양자(養子) 또는 양부모(養父母)와 같은 말에서 알 수 있듯이 혈연적이며, 생득적인 부모와 자식간의 관계가 아니라, 후천적이며 사회적인 관계로서 맺어진 부모자식간의 관계를 뜻하는 말에서 사용되고 있다. 피를 나누는 것은 종족유지요, 먹고 사는 것은 개체유지지만, 이 둘이 어울려 의미의 혼효를 이룬 예다.

인간은 기본적으로 기르며 사는 존재다. 죽이고 없애고 썩히는 것조차도 기르기 위한 행위의 연장인 것이다. 서양의 철학이 모순율(矛盾律)을 근간으로 한 파괴 및 창조를 촉구하고 있는 것에 반해서, 동양의 철학은 변화율(變化律)을 근

거로 하여 순응 및 양생(養生)을 조화롭게 추구해 왔다. 소위
양생법(養生法)은 이러한 동양적 철학과 의식을 바탕으로 하
여 삶을 내다보는 관점에서 나올 수 있었던 것이다. 양고기
로 공양을 한다는 뜻에서 나온 양(養)은 따라서 주체와 객체
의 준별이나 둘 중 어느 하나를 선별적으로 취택하는 태도
가 아닌 상보적이며 공생적인 의식을 반영하고 있는 글자인
셈이다.

7) 양(佯)

거짓을 뜻하는 양(佯)은 사람 인(人)과 양 양(羊)자가 모아
져 만들어졌다. 속담에 양가죽을 쓴 이리라는 말이 있다. 본
성을 감추고 겉으로 순한 척, 착한 척 꾸미는 것을 뜻하는
속담이다. 거짓 양(佯)자는 바로 이런 뜻에서 유추된 글자다.
여기서는 양에 대한 비유적 의미가 일반화되어 있다는 사실
이 먼저 간파되어야 한다. 누구든 양은 선하고 순한 동물로
간주하는 언중(言衆) 전체의 동의가 그 이전에 성립되어 있
음으로 해서 만들어질 수 있었던 글자인 것이다.

이와 관련지어 생각되어야 할 글자로는 위(僞)자가 있다.
거짓을 뜻하는 僞는 뜻에 있어 양(佯)과 같다. 그런데 이 둘
이 모두 사람 인(人)변에 의해 만들어지고 있는 것을 눈여겨
볼 필요가 있다. 위(僞)는 말할 것도 없이 '人+爲', 즉 인위를
뜻하는 글자다. 인위적인 것은 거짓이라는 의미가 그 글자
속에 함축되어 있는 셈이다. 같은 맥락에서 양(羊)에 사람 인

(人)이 더해지면 거짓을 뜻하는 양(佯)이 된다. 앞에서 말했던 것처럼 양 자체의 순수성을 이미 인정하는 선에서 만들어진 글자라는 것을 알겠다.

8) 수(羞)

반찬이라는 뜻과 부끄럽다는 뜻을 지녔다. 본래 글자가 만들어진 상형자로 보면 양을 손으로 떠받들고 신에게 바치는 형상이다. 양을 잡아서 그것을 신에게 바치는 것은 중국의 고례(古禮)로 보면 일반적이었다. 그래서 지금도 제사를 모실 때 쓰는 제축문에 보면 몇 안되는 반찬을 신에게 공손히 바친다는 뜻에서 "서수공신(庶羞恭伸)"이라는 문구가 들었다. 그것은 신에게 바치는 제물로서 인식되었던 것이다.

한편 이것은 구체어가 아니라 감정의 상태를 뜻하는 의미로 사용되기도 한다. 부끄럽다는 뜻이 그것이다. 맹자가 의(義)를 수오지심(羞惡之心)이라고 했던 것은 앞에서도 말한 바 있다. 신은 위대하고 인간은 왜소하다. 인간이 신에게 무엇을 바치더라도 저 관대한 신의 은택에 대해 다 답할 수는 없다. 마치 자식이 부모에게 아무리 잘 한다고 한들 부모의 은혜를 다 갚지 못하는 것과 같다. 비록 살찌고 기름진 양을 잡아 신에게 바친다고 하더라도 그것은 자랑스러울 바가 못된다. 그래서 부끄러움이라는 뜻으로 전의되어 사용되고 있는 것이다.

2. 고사성어(古事成語)

1) 간양(看羊)

간양이란 말은 본래 흉노땅에 포로로 잡혀갔던 소무(蘇武)의 충절을 뜻하는 말이다. 양을 돌보는 지극한 심경으로 나라의 일을 걱정하는 뜻을 담았다.

우리 역사에서 간양이란 말은 특히 강항(姜沆, 1567-1618)의 저작인 『간양록(看羊錄)』과 함께 알려졌던 말이다. 강항은 전남 영광 출신으로서 호남지역에서 의병활동을 하다가 정유재란 때 포로로 잡혀 일본에 끌려 갔다가 십수년만인 1600년에 풀려나 가족과 함께 우리나라에 돌아왔다. 강항은 돌아와서 스스로 죄인이라는 뜻에서 『건거록(巾車錄)』이라는 이름으로 책을 저술했다. 그것을 훗날 제자들이 간행하면서 『간양록』이라고 이름을 바꾸어 붙였다. 내용은 여러 편으로 구성되어 있으나, 그 중에서도 일본의 지도를 그린 왜국팔도육십육주도(倭國八道六十六州圖)와 일본에서의 생활을 적은 섭란사적(涉亂事迹)이 유명하다.

적국에서 필자가 직접 체험한 여러 가지 일화와 포로들이 당하는 참상을 사실적으로 기록하고 있으며, 보고 들은 내용들을 담았다. 또 전란에 대비해서 국가가 대비를 해야 할 여러 가지 정책에 대해서 논의를 하고 있다.

간양록은 일제시대에 많은 책들이 소각되어버렸기 때문에

지금은 매루 희귀본이 되었다. 현재 규장각도서와 고려대학교 도서관 자료본 등이 남아 있을 뿐이다.

2) 양구수조(羊裘垂釣)

양가죽으로 만든 옷을 입고 낚시하는 모습을 말하는 것으로서, 은자(隱者)를 지칭하여 사용되는 고사성어다. 양구수조(羊裘垂釣)라는 말은 중국의 『한서(漢書)』 엄광전(嚴光傳)에 나온다.

> "엄광의 자는 자릉으로, 어려서 광무제와 함께 대학을 공부하며 지냈다. 그러다가 광무제가 즉위하자 엄광은 몸을 숨겨 나타내지 않았다. 광무제가 사람을 시켜 찾아보니 후제에서 한 남자가 양피옷을 입고 연못에서 낚시만으로 생활한다는 말이 있어 광무제가 엄광이 아닌가 여겨 찾아가서 예를 갖추어 초빙하게 되었다." (嚴光字子陵 少與光武同遊大學 及帝卽位 光陰身不見 帝令物色訪之 後齊國言有一男子 披羊裘釣澤中 帝疑光 備禮聘之)

3) 현양두매마박(懸羊頭賣馬脯)

양의 머리를 걸어놓고 말고기를 판다는 뜻으로서, 표면과 내면이 일치하지 않은 것을 의미한다. 즉 겉으로는 좋은 것을 내세우나, 그 이면으로는 좋지 못한 표리부동(表裏不同)의 사정을 지시한다. 현양두매마박(懸羊頭賣馬脯)라는 말은

『후한서(後漢書)』 광무제(光武記)에 나온다.

> "양의 머리를 걸어놓고 말고기를 팔며, 도척이 공자의
> 말을 일삼는다."(懸羊頭賣馬膊 盜跖行孔子語)

도척(盜跖)은 춘추시대의 유명한 도적이다. 그의 형인 유
하혜(柳下惠)는 어진 인물로서 공자나 맹자도 격찬하고 있는
데 반해서, 동생인 도척은 수많은 도적떼를 거느리고 천하를
횡행하던 못된 인물이다. 그는 도둑질을 할 때 부하들에게
먼저 들어가는 것은 용(勇)이요, 나중에 나오는 것은 의(義)
라고 하여 도덕적으로 쓰여야 할 말을 부도덕한 데에 적용
하고 있어 공자의 말을 일삼았다고 하며, 따라서 겉으로는
용이나 의를 내세웠지만 속으로는 더 많은 재물을 훔칠 것
을 격려하는 데 그러한 말을 사용했기 때문에 양의 머리를
걸어 놓고 말고기를 팔았다고 지적하고 있는 것이다.

현양두매마박(懸羊頭賣馬膊)과 유사한 말로 현양두매구육
(懸羊頭賣狗肉), 현우두매구육(懸牛頭賣狗肉), 현우육매구육
(懸牛肉賣狗肉) 등으로 바뀌어 사용되기도 한다. 이와 관련
된 또 다른 고사가 전한다.

춘추전국시대에 제나라의 영공(靈公)은 남장을 한 여자를
좋아했다. 그래서 궁중에서 궁녀들을 남장시켜 놓고 그 모습
을 즐겼다. 임금이 그러하자 제나라에서는 여자들이 남장을
하는 것이 유행이 되어 전국적으로 퍼져 갔다. 영공이 이러

한 사실을 알고나서 곧 그것을 금하라는 엄한 명령을 내렸다. 그러나 궁중에서는 여전히 그러한 남장 여인을 두고 즐기고 있었기 때문에 세간에서 남장의 풍습은 사라지지 않았다. 그러자 영공은 당시의 명재상이었던 안자(晏子)에게 어찌하여 엄명이 지켜지지 않느냐고 물었다. 그때 안자가 영공에게 했던 말 속에 다음과 같은 현우수매마육(懸牛首賣馬肉)이라는 고사성어가 들어 있다.

"임금이시여, 궁중에서는 입히고 밖에서는 금하니, 이는 마치 소의 머리를 걸어놓고 말고기를 파는 것과 같습니다"

4) 양질호피(羊質虎皮)

속은 양이요, 겉은 호랑이 껍질이라는 뜻으로서 외면만 화려한 것을 비유하는 말이다. "양자법언오자편(揚子法言吾子篇)"에 다음과 같은 고사가 전한다.

"혹은 말하자면, 어떤 사람이 있어 스스로 성을 공이라 하고 자를 중니라 하며, 그의 집에 들어가 당상에 오르고 그의 안석에 눕고 그의 옷을 입었다고 하여 그를 공자라 할 수 있겠는가? 가라사대 그의 꾸밈은 그럴듯하나 그 자질은 그렇지 못하다. 감히 질에 대해 묻건대 양의 질에 호랑이 거죽일 뿐이라, 풀을 보면 곧 즐거우나 승량이를 보면 전율을 느끼는지라 그 거죽만 호랑이인 것을 잊는

것이다." (惑曰 有人焉自姓孔而字仲尼 入其門 升其堂 伏
其几 襲其裳 則可謂仲尼乎 曰 其文是也 其質非也 敢問質
曰 羊質而虎皮 見草則悅 見豺則戰 忘其皮之虎也)

위는 양자가 오자에게 꾸밈과 자질을 비유로서 설명했던
말이다. 어떤 사람이 아무리 공자와 같은 모양을 취한다고
하더라도 그가 공자일 수 없는 것은 자질이 다르기 때문이
다. 즉 속은 겁많은 양과 같으면서 겉만 용맹한 호랑이 가죽
으로 감싸놓은 것과 같아 아무리 꾸민다고 하더라도 자질
자체까지 바뀌지는 않는다는 뜻이다.

서양에도 이러한 고사와 관련될 수 있는 비유가 전한다.
영국의 유명한 문학비평가인 오스카 와일드가 프랑스의 소
설가 앙드레 지이드에게 보낸 편지의 내용이다. 예수가 십자
가에 못박혀 죽던 날 어떤 사람 하나가 산 아래에서 울고 있
었다. 예수의 처형광경을 지켜보다가 하산하는 사람들이 그
를 발견하고 "왜 그렇게 슬피 우는 것이냐, 예수가 처형당한
것을 애통해 하는 것이냐?" 하고 물었다. 그러자 그 사람은
다음과 같이 말했다. "나는 예수와 나이도 같고, 똑같이 기적
을 행하기도 했다. 그러나 나는 십자가를 짊어지지 못했으므
로 그것을 서러워하며 울고 있노라."라고 말했다. 십자가는
예수의 상징이다. 예수와 같은 이적을 따라 행하던 그 사람
은 십자가를 얻지 못했다. 오스카 와일드는 이 비유를 통해
서 상징이 얼마나 중요한 것인가를 지적하고 있다. 즉 상징

의 효용은 작품을 영원히 살릴 수도 있는 마력을 지닌다.

오스카 와일드와 양자의 비유가 적시하고자 하는 내용은 다소 다르지만, 모방은 결코 개성적이지 못하며, 따라서 창조적이지 못하기 때문에 생명력이 없다는 사실을 지적하고 있다는 점에서는 같다. 겉으로 아무리 훌륭하게 모방하거나 꾸밀지라도 가장 중요한 것은 그 본래의 자질에 따라 결정되는 것이다.

5) 양답채원(羊踏菜園 또는 羊踏破菜園)

양이 채소밭을 망쳐놓았다는 뜻으로, 평소에 채식을 하던 사람이 육식을 한 것을 비꼬아 하는 말이다. 오늘날은 미식가가 식도락을 즐기고 나서 배가 아픈 모습을 지적하는 말로 쓰이기도 한다. 『해록쇄사(海錄碎事)』음식 소채조에 다음과 같은 말이 전한다.

 "육운소림에 보면, 옛날 어떤 사람이 있었는데 그는 항상 소채를 즐겨 먹었다. 언젠가 불현듯 양고기를 먹고 잠이 들었는데 꿈에 오장신이 나타나서 이르기를 양이 채소밭을 밟아 망가뜨려 놓았다고 말했다고 한다." (陸雲小林 昔有人 嘗食蔬茹 忽食羊肉 夢五臟神曰 羊踏破菜園)

6) 구양습개(驅羊拾芥)

양의 무리를 쫓아내고 쓰래기를 얻었다는 뜻으로, 천하를

어지럽히고 도성을 탈취하는 일을 비꼬는 말로 사용된다.

　『진서(晉書)』 회민제기론(懷愍帝紀論)에 다음과 같은 비유가 실려 있다.

　　"천하를 어지럽히는 것은 양을 쫓아내는 것과 같고, 두
　도성을 얻는 것은 남겨진 쓰래기를 얻는 것과 같다." (擾
　天下如驅群羊 擧二都如拾遺芥)

　동서고금을 막론하고 정치적 쿠테타는 많았다. 위 비유는
비록 성공을 하여 왕위나 권력를 얻는다고 하더라도 그것이
대의명분을 좇는 일이 아니면 온당치 못한 것을 지적하고
있다. 맹자는 혁명론을 주창하기도 했다. 그러나 맹자가 주
장한 것은, 실정한 임금을 내쫓는 일이 하늘의 뜻을 받아 민
심을 이끌 수 있을 경우에만 혁명을 인정하는 것이다. 개인
이나 특정 집단이 자신의 이해관계를 좇아서 단순히 권력탈
취를 목적으로 혁명을 일으켰다면 비록 권력을 손에 쥐게
된다고 하더라도, 그것은 쓰래기를 손에 쥔 것과 같다는 비
유다.

　7) 무양(無恙)

　무양이라는 말은 본래 근심이 없다는 뜻이었다. 후세에 이
말이 병이 없다는 뜻으로 전용되어 쓰이고 있다. 무양에 대
해서 이익의 『성호사설(星湖僿說)』 제30권 시문편에 다음과

같은 글이 있어 소개한다.

　　"공손홍전(公孫弘傳)에 '불행히 상로병(霜露病-감기 기
운으로 생기는 병)에 걸렸지만 어찌 낫지 않을 것을 근심
하리요(無恙)" 하였다. 그러나 안사고(顔師古)는 양(恙)을
우(憂)로 풀이를 하였으니 그 말이 옳다.

　　나는 상고하건대, 양(羊)은 많고도 번성한 동물이다. 그
래서 먹을 식(食)자를 붙이면 양(養)자가 되니, 먹음직스
럽고 풍성한 것을 이름이요, 수(水)자를 붙이면 양(洋)이
되니 물이 풍성하고 많음을 이름이요, 언(言)자를 붙이면
자세할 상(詳)이 되니, 말이 많아서 다 알게 됨을 이름이
요, 시(示)자를 붙이면 상서로울 상(祥)자가 되니, 기운이
충만하고 발현함을 이름이요, 마음 심(心)자를 붙이면
(恙)자가 되니 마음의 번잡함을 이름이라. 마음이 번잡 다
단함은 근심걱정이라 할 것이니, 무양(無恙)이란 것은 태
평하고 길(吉)하여 다시 근심 걱정이 없음을 이름이다.

　　이로써 글자를 미루어 본다면 해득하지 못할 것이 적
다. 그런데 후인들이 전전하여 그릇된 풀이를 해서 충(充)
자를 붙이고, 견(犬)자를 붙임으로써 더욱 의혹만을 야기
했을 뿐이다."

8) 부요양각(扶搖羊角)

　　양각은 회오리바람을 이름하는 것이다. 부요양각은 『장
자』에 나와 있는 말로 이에 대해서 이익은 『성호사설』 권4
만물문에서 다음과 같은 해설을 남기고 있다.

"장주(莊周)가 '큰 붕새가 양의 뿔처럼 빙빙 도는 회오리바람을 타고 공중으로 9만 리를 날아 올라간다(大鵬搏扶搖羊角而上者九萬里)'고 하였다.

나는 이 말을 늘 생각해도 해득하지 못했더니, 하루는 어느 길 위에서 매우 급하게 부는 회오리바람을 만나자 비로소 깨닫게 되었다. 회오리바람이 사면으로 와 모여서 빙빙 돌다가 비로 치솟아 반공까지 이르는데, 바로 서서 빙빙 도는 모양이 마치 양의 뿔과 같았다. 드디어 이로 인해 다음처럼 해설한다.

단(搏)의 뜻은 딴 물건과 함께 빙빙 돈다는 것이고, 부(扶)라는 것은 바로 선다는 뜻이다. 붙잡지 않으면 기울어지고 거꾸러지는 까닭에 붙잡는다고 말했은즉, 바로 선다는 것을 알 수 있으니 마치 술취한 사람을 붙잡으면 바로 서고, 놓아두면 거꾸러지는 것과 같다. 회오리바람은 공중으로 휘말아 치솟을 때에 바로 서서 빙빙 도는 까닭에 부요(扶搖)라고 하는 것이고, 양각(羊角)은 또 그 형상을 말한 것이다.

춘양 이씨(春陽李氏) 時善(전남 화순의 이시선이라는 사람)은 '회오리바람은 도는 방향이 낮에는 왼쪽부터 빙빙 돌아 오른쪽을 향하고, 저녁에는 앞으로부터 내려와 뒤로 돌며, 밤이 되면 오른쪽으로부터 굴려서 왼쪽으로 돌고, 아침에는 뒤로부터 치솟아서 앞으로 나간다'고 했다. 그러나 나는 아직 그것을 상세하게 징험하지는 못했기 때문에 과연 그런지는 모르겠다.

회오리바람은 반드시 사면으로 이르는 까닭에 빙빙 돌

게 되는데, 이는 대개 지구가 호흡을 하는 기운이라 하겠
다.

지금까지 소개한 양에 관한 고사성어 말고도, 양으로 소를
바꾼다(以羊易牛,『孟子』梁惠王上), 양 잃고 소을 얻는다(亡
羊得牛,『淮南子』說山訓篇), 양 잃고 외양간 고친다(亡羊補
牢,『戰國』楚策篇) 등이 있으나, 이들은 속담편에서 다루었
으므로 여기서는 생략한다.

3. 비유어

양의 어떤 특징을 취하여 다른 것에 비유적으로 붙여진
이름으로 많은 명칭이 있다.

1) 고양(羔羊): 고양은 『시경』의 소남 중의 한 편명이다.
   소남나라가 문왕의 정치에 감화되어 양처럼 순해졌다는
   것을 비유한 것이며, 벼슬하는.자를 칭찬하는 말로 비유
   적으로 쓰이기도 한다.
2) 양각(羊角): 양의 뿔이지만, 회오리바람을 일컫는 말로
   쓰인다. 회오리바람을 양각풍(羊角風)이라고도 한다. 불
   교에서 양각 또는 영양각은 번뇌를 상징한다.『육조금
   강경서(六祖金剛經序)』에 "금강은 불성(佛性)과 같고 양

각은 번뇌와 같다. 쇠가 비록 견고하지만 양각이 능히 분쇄하고, 불성이 비록 견고하지만 번뇌가 능히 어지럽힌다.”고 했다.

3) 양각삼(羊角蔘): 일각삼(一角蔘)의 이칭

4) 양각풍(羊角瘋): 의학용어로 지랄병의 일종

5) 양거(羊車): 불교용어로서 경전을 통해서 해탈한 성문승(聲聞僧)에 대한 비유어

6) 양구(羊韭): 식물명으로 맥문동의 이칭

7) 양떼구름: 백색 또는 회색으로 크고 둥글둥글하게 덩어리진 구름. 고적운(高積雲), 적권운(積卷雲)이라고도 한다.

8) 양모반(羊毛斑): 태양을 수소광선이나 칼슘광선으로 촬영할 때 전면에 나타나는 무늬. 마치양털을 흩어놓은 것 같은 형상으로 보인다. 면양반(緬羊斑)이라고 한다.

9) 양장(羊腸): 길이 꼬불꼬불한 것을 양의 창자에 비유한 말.

10) 양제초(羊蹄草): 소루쟁이의 식물명으로 양의 발을 닮은데서 명칭이 유래함.

11) 양지옥(羊脂玉): 양의 기름덩이 같이 빛나고 윤택이 나는 흰 옥.

12) 양치식물(羊齒植物): 양의 이빨모양을 닮은데서 유래한 식물명

13) 희생양(犧牲羊): 유목사회에서는 옛날부터 신에게 양

을 제물로 바쳐왔다. 원시시대에는 본래 인간을 제물로
서 바쳤다고 한다. 그러나 『성경』에 의하면 아브라함 때
부터 인간을 양으로 대신하여 희생제물로 쓰게 되었다.
인간을 대신한 대물(代物)로서 양이 사용되었던 것이다.
특히 이러한 예는 유목사회에서 일반적으로 찾아지는
예다. 기독교는 유목문화에 근간을 두고 있다. 그래서
기독교류의 서구문화가 동양에 들어오면서, 또 성경이
폭넓게 읽히면서 희생양이라는 말이 만들어지게 되었
다. 이는 한자문화권에서 전통적으로 쓰였던 말은 아니
다.

　희생양의 본의는 이러한 역사와 배경을 가지지만, 이
것이 그런 본의로서 보다는 비유적으로 사용되는 것이
일반적이다. 자의적일 경우도 타의에 의한 경우도 있지
만, 자기를 희생하여 남을 이롭게 하는 것을 일컫는 말
로 사용되고 있는 것이다.

14) 양과 오륜

옛날의 학자들은 동물의 어떤 속성을 빌어서 사람의 도
리나 규범을 설명하는 일이 많았다. 우리나라의 퇴계나
율곡의 경우도 마찬가지지만, 중국의 명나라 학자인 양
신(楊愼)이 양으로 오륜의 일면을 빗대어 설명한 예가
있다. 이익은 『성호사설(星湖僿說)』에서 그에 대해 다음
과 같은 해설을 하고 있다.

  "양신이 이르기를 '양은 제 새끼에게 젖을 먹이고, 까마귀
는 제 어미에게 먹을 것을 물어다 먹이니 이는 부자(父子)의
인(仁)이 있고, 벌은 집을 만들고 개미는 구멍을 뚫으니 이는
군신의 의(의)가 있으며, 비둘기와 원앙새는 절개를 지키니
이는 부부의 분별이 있고, 너새라는 새와 기러기는 항렬을
지어 다니니 이는 형제의 질서가 있으며, 꾀꼬리는 깊은 골
짜기에서 나와 높은 나무로 옮겨서 살고, 닭은 먹을 것이 있
으면 서로 불러서 함께 먹으니 이는 붕우(朋友)의 정이 있
다.' 하였으니, 이 말은 생물의 이치를 매우 해박하게 알았다
고 하겠다.

  '닭에게도 오덕이 있다(鷄之五德)'는 옛말이 있지만, 내가
보기로는 닭이 서로 부르는 것은 수컷이 암컷을 부르고 어
미가 새끼를 부를 뿐이다. 그리고 다른 따위에 있어서는 일
찌기 서로 불러서 함께 먹는 것을 보지 못했으니, 어찌 붕우
의 정이 있다 할 수 있겠는가? 『가어(家語)』에 상고하니, 공
자가 이르기를 '관저(關雎, 시경에 나오는 시)는 새에게서 흥
을 일으킨 것인데, 군자가 아름답게 여긴 것은 그 암컷과 수
컷이 분별이 있기 때문이고, 녹명(鹿鳴-시경에 나오는 시)은
짐승에게서 흥을 일으킨 것인데, 군자가 훌륭하게 여긴 것은
그가 먹을 것이 있으면 서로 부르기 때문이다.' 하였으니, 지
금 양신이 말한 끝 구절을 고쳐서 '꾀꼬리는 벗을 부르고,
사슴은 먹을 것이 있으면 서로 갈라서 먹으니 이는 붕우의

정이 있다.' 한다면 말이 더욱 이치에 가까울 듯싶다.

4. 지명

우리나라에 양과 관련된 지명은 흔치 않다. 예를 들면『조선왕조실록』에 양도(羊島), 양장곶(羊場串) 등이 보이기도 한다. 그러나 양과 동류로 민간에서 인식되어 왔던 염소와 관련된 지명은 전국적으로 밀도 짙게 분포해 있다. 비록 양의 이름으로 붙여진 지명이라 하더라도 그것은 처음부터 그랬던 것이 아니라 본디 염소와 관련된 지명이 한자로 표기되면서 양을 취한 예가 대부분이다. 예를 들면, 평안북도 강계군에 있는 해발 1,189m의 산을 양곡산(羊谷山)이라고 하는데, 이 산은 염소골뫼가 한자로 쓰이면서 양곡산으로 표기되었던 것이다. 염소와 관련지어 붙여진 명칭은 주로 네 가지 양식이 있다. 첫째, 염소의 형상이라 해서 붙여진 지명, 둘째, 염소를 기른 곳이라 하여 붙인 지명, 세째, 앞의 두 예에 의해 이미 붙여진 지명에 부가하여 새로 이름이 지어진 지명, 네째, 전설로 인해 얻은 지명 등으로 나눌 수 있다.

1) 염소의 형상에서 차용한 지명

염새돌: 경남-산청-삼장-대하의 염새돌꺼리에 있는 세 개의 바위가 있는 지역을 염새돌꺼리라고 부름

염새목: 경남－산청－단성－청계의 대안촌 북서쪽에 있는
　　　고개

염새뿔: 전남－고흥－과역－도천의 도야 북쪽에 있는 마을
　　　이름

염생잇등: 경남－고성－상리－오산의 질매뼈랑 동쪽에 있
　　　는 산등성이

염소끝: 전남－해남－화원－주광 남철바위 서쪽에 있는 산

염소막골고개: 전북－진안－진안－가림의 수실 동쪽에서
　　　안골로 넘어가는 고개. 염소가 새끼에게 젖을 먹이
　　　는 형국이라 함.

염소바위: 거의 전국적으로 분포하고 있는 지명.

염소부리: 제주 북제주－구좌－종달의 영산역 남서쪽에 있
　　　는 부리. 염소의 입처럼 길다는 데서 연유한 지명

염소섬: 전남－동광양－금호의 대동 서북쪽에 있는 섬

2) 염소를 기른 곳이라는 데서 유래한 지명

염새머를: 제주－북제주－애월－하귀－장선의 동북쪽에 있
　　　는 등성이.

염새모르: 제주－북제주－애월－어음의 망태왓 서쪽에 있
　　　는 밭.

염새밭들: 경북－봉화－봉화－적덕의 건정과 두릉골 사이
　　　에 있는 골짜기

염소골(염새골, 염새박골, 염솟골, 염숫골, 염시골)

　　　　:거의 전국적으로 분포해 있는 지명으로 방언만 차
　　　　이가 있음.

염소산: 경기-김포-검단-오류의 밤섬에 있는 산. 향교의
　　　　제물로 쓰는 염소를 길렀던 데서 연유한 지명

　3) 기존의 지명에 부회된 지명

염새골만당: 경남-산청-단성-청계의 염새골 위에 있는
　　　　산이름

염새디이(또는 염새딩이): 경남-산청-단성-운의 염새골
　　　　남쪽에 있는 산등성이

염생잇쏘: 전북-남원-주천-덕치의 구싯쏘 서쪽에 있는
　　　　소

염소배미: 전북-김제-백구-학동에 있는 논

　4) 전설로 인해 얻은 지명

염소바구: 경암-산청-시천-원에 있는 바위로서, 그 밑에
　　　　서 구렁이가 나와 옆에 매어둔 염소를 잡아먹었다
　　　　는 전설이 전함.

염소바구: 경남-거제-동부-구천의 배리목에 있는 큰 바
　　　　위. 염소가 올라가서 떨어져 죽었다고 전함.

5. 단편적인 이야기

1) 땅에 배꼽을 심어 새끼양을 얻는 이야기

박지원의 『열하일기』에는 다음과 같이 양에 관한 재미있는 짤막한 이야기가 실려 있다.

> "고태사 역생이 나에게 말하기를, '서역에서는 양의 배꼽을 땅에 심는 일이 있는데, 양을 잡을 때 먼저 배꼽을 따서 이를 흙 속에 심으면 1년만에 거기에서 양이 생긴다고 합니다. 이것이 땅 위에 엎드려 마치 짐승의 모양을 하고 있다가 천둥번개가 치면 배꼽이 떨어진다고 하는데, 이것은 『원사(元史)』에 실려 있습니다.' 하였다. 이 말을 듣고 생각해 보니 양의 배꼽을 심을 수 있다면, 금과 은도 역시 땅에 심을 수 있을 것이니 우스운 말이다."

이와 유사한 이야기가 옛날에 널리 알려져 있었던듯, 『청장관전서』 권45에 실린 이덕무의 "이목구심서" 권1에도 비슷한 내용의 글이 있다.

> "『낙교사어(樂郊私語)』에 이르기를, '대막(大漠) 서쪽에는 양을 땅에 심는 풍속이 있다. 양을 잡으면 그 가죽과 고기를 쓰고, 뼈만 남겨 첫 겨울 미일(未日)에 땅에 묻고, 계춘(季春)의 첫 미일에 피리를 불고 축원하는 말을 하면

새끼양이 흙 속에서 나온다. 뼈 1구를 묻으면 새끼양 두어 쌍을 얻는다. 파사국(波斯國)에서는 양의 정강이뼈를 묻는다.'고 하였다. 오입부(吳立夫)의 시에 이르기를,

사방 동산에 담을 쌓았는데 절구소리 들리고
양새끼는 정강이뼈에서 다시 생기네
푸른 풀은 포기로 나와 배꼽이 끊어지지 않았는데
말굽에 쇠를 붙여 담을 돌아가네

하였다. 유성지가 말하기를,
'한 기운이 흙을 뭉쳐 그릇 만들 듯하였는데 누가 단서를 헤아리랴. 짧은 인생에서 이목으로 항상 보는 것만 가지고 조물주의 일을 고집스럽게 의론하니 고루하다' 하였으니 이 말이 옳다."

2) 도깨비와 양

『공자가어(孔子家語)』에 공자와 계환자(季桓子) 사이에 있었던 일로 다음과 같은 일화가 전한다.

"어느날 계환자가 우물을 파다가 흙으로 빚은 항아리 하나를 발견했다. 그 항아리 속에는 이상한 물건이 하나 들어 있었다. 계환자는 사람을 시켜 공자에게 물어보도록 했다.

"내가 비라는 고을에서 우물을 파다가 항아리를 얻어 속을 들여다 보니 개 한 마리가 있었습니다. 이것은 무슨

징조입니까?"

하고 묻자 공자가,

"듣자니 그것은 개가 아니라, 아마 양인 듯싶습니다. 대개 나무와 돌이 변하면 기망량(夔魍魎)이라는 도깨비가 되고, 물 속에 있는 괴물로는 용과 코끼리가 있으며, 흙의 괴물은 분양(羵羊)이라 합니다."

라고 대답했다."

3) 연개소문과 양

이 이야기는 동물인 양이 아니라 성(姓)인 양씨와 관련된 것이며, 언어유희와 같은 파결문자(破結文字)에 의해 생긴 이야기이기는 하지만, 우리나라의 역사에 전해오는 한 일화로서 『삼국유사』에 실린 유명한 한 토목을 여기 소개해 본다.

"『당서(唐書)』를 보니 전에 수나라 양제가 고구려의 요동을 정벌할 때 양명(羊皿)이라는 비장이 전쟁에 불리하여 죽게 되었다. 그는 죽으면서 맹세하여 말하기를 '나의 죽은 혼이 반드시 고구려에서 총애를 받는 신하로 태어나 고구려를 멸망시키겠다'고 하였다. 마침 고구려에서 연개소문이 막리지로서 전권을 장악하여 개씨(蓋氏)로서 성을 삼으니 곧 양명(羊皿)의 응함이라고들 하였다. 또 고구려의 『고기』에는 다음과 같은 내용이 있다. 고구려왕이 표문을 올려 항복을 청할 때 한 사람이 비밀히 품 속에 조그만 활을 품고 사신을 따라 들어가 양제가 타고 있는 배에 들어갔다. 양제가 마침 표문을 읽고 있을 때 활을 쏘아 가슴을 맞췄는데, 양제가 회군하여 돌아갈 때 좌우에게 이르기를 '내가 천자가 되어 소국을 친히 정벌하다가 이익을 보지 못하였으니 천추만대의 웃음거리가 되었다' 하였다. 이 때 우상 양명(羊皿)이 아뢰되 '신이 죽어 고구려의 대신이 되어 그 나라를 꼭 멸망시키고 대왕의 원수를 갚겠습니다.' 하였다. 뒤에 과연 죽은 그가 다시 고구려에 태어나 15세에 총명하고 무술이 능해 널리 알려졌다. 그래서 왕이 알고 그를 불러 신하를 삼았는데, 자칭 성을 개(盖), 이름은 금(金)이라 하였으며, 지위는 소문(蘇文)의 직에까지 이루렀으니 곧 양명의 화신이라고 하였다.

4) 서양의 일화 한토막

영국의 작가 월터 스콧 부부가 어느 날 산책을 즐기고 있을 때, 저만큼에서 양떼가 한가롭게 풀을 뜯고 있는 모습을 보게 되었다. 그 정경이 그렇게 평화스러워 보일 수가 없었다. 그 모습을 바라보던 스콧은 시적 감흥이 일어서,

"양이란 참 온순하고 평화로워. 시인들이 양을 찬미하는 것도 당연한 일이야."

하고 말하는 것이었다. 옆에서 이 말을 듣고 있던 부인이 한마디를 거들었다.

"정말 그렇구 말구요, 새끼양은 부드럽고 맛도 좋으니까요."

X. 민속에 투영된 양과 그 상징성

1. 긍정적 인식과 부정적 인식

양에 대한 인식은 대체로 긍정적인 측면이 강한 듯싶다. 그러나 그러한 양에 대해서도 양가적인 평가가 전혀 없는 것은 아니다. 이러한 평가는 양 자체에 대한 인식에서 출발한 것이라기보다는 양의 어떤 부분적인 생태학적 속성이나 습성에서 얻어진 것이며, 인성(人性)이나 습관에 대한 비유적 설명으로 활용되는 경우가 많다.

양의 긍정적인 인식은 앞에서 보았듯이 문자학적으로 보아 극명하게 드러난다. 미(美), 의(義), 선(善) 등 인간의 심성이나 사회적 규범과 관련된 긍정적 성향이나 인식이 양과 관련되고 있는 것은 우연으로 돌릴 수 없다.

양이 언어생활에서 비유적으로 쓰이는 예의 대부분은 양

에 대한 긍정적인 평가가 전제되어 있다. 양의 긍정적인 측면을 두드러지게 보여주는 전형적인 한 예는 '양의 가면을 쓴 이리(늑대)'라는 속담에서 엿볼 수 있다. 양과 이리를 대비시켜서 양의 긍정적인 성격을 부각시키고 있는 예다. 늑대 또는 이리는 포악하고 잔악하며 속임수에 능하다고 인식되는 것이 보통이다. 그에 반해서 양은 순하고 선하며, 속일줄 모르는 속성을 가진 동물로 인식된다.

일이 꼬이거나 길이 구불구불 하면 양의 창자(구절양장)와 같다고도 한다. 초식동물은 육식동물이나 잡식동물에 비해서 창자가 길다. 초식을 주로 한 동양인의 창자가 육식을 주로 한 서양사람의 창자보다 2−3m가 긴 것도 이런 까닭 때문이다. 양의 창자가 길어서 그만큼 구불구불하다는 것은 그것이 초식동물이라는 엄연한 생태학적 사실로부터 기인된 것이다. 이러한 생물학적인 현상은 결과적으로 동물의 속성 상 초식동물이 육식동물에 비해 순하다는 속성으로까지 이어진다.

양의 새끼는 무릎을 꿇고 어미의 젖을 빤다. 이러한 형상을 부모의 은혜에 감읍하는 모습으로 보기도 한다. 그래서 자식이 부모의 은혜를 알아야 한다고 할 때 양의 이러한 모습이, 효심이 깊은 까마귀와 함께 비유로서 자주 인용되기도 한다.

그러나 양이 언제나 긍정적으로 인식되는 것만은 아니다. 때로는 부정적인 측면이 부각되기도 한다. 예를 들면 염소고집이라는 말이 있다. 굳이 고집이 센 것 자체를 일러 나쁘다고 할 수는 없지만, 그렇더라도 그러한 말이 사용되는 상황에서의 속뜻은 괜한 고집을 과하게 부리는 것을 비꼬거나 경계하기 위해 쓰이는 말이다. 또 양은 심성이 허약하다거나 무르다는 뜻을 내포하기도 한다. 순하다는 말을 뒤집어 보면 강건·활달하지 못하다는 뜻이 함의되어 있는 것이다. 한편 남을 따라가기는 하되 앞서지 못하는 성격을 양에 비유하기도 한다. 소극적이라는 뜻이 담겨 있다. 또 양은 방정맞은 동물로 인식되기도 한다. 높고 가파른 곳을 좋아하는 습성 때문에 그렇게 인식되어온 것이다. 양은 무척 노릿내를 풍기는 동물이다. 양 자체도 그렇지만 양고기도 잘못 조리를 하면 역겨우리만큼 심한 노릿내가 나서 먹기가 어렵다.

2. 양의 비유적 의미와 사회적 상징

양은 흔히 선량한 무리를 비유하는 뜻으로 사용된다. 유목 경제에 배경을 두고 있는 『성경』에 목자와 양의 비유가 많다. 성경에서 양에 대한 언급은 500여회 이상이 되는 것으로 조사되고 있다. 대부분 사도(使徒)와 신도(信徒)의 사이를 비유하기 위해 사용되고 있다.

그러나 동양에서 역시 관(官)과 민(民)의 사이를 목자와 양의 관계로 묶어 비유적으로 파악하고 있는 관념이 예전부터 있어 왔다. 그 한 예로 '양 한 마리에 목자 아홉'이라는 속담이 있다. 본래 중국의 『수서(隋書)』에 나온 말이지만 일반화되어 속담으로 사용되고 있다. 백성보다 관리가 더 많다는 뜻을 지닌 이 속담이 관용될 수 있었던 것은 목자와 양의 관계가 동양에 있어서도 하나의 경험적 비유로서 자질을 지녔기 때문이었을 것이다.

목자와 양의 관계가 이렇듯 종교적으로 또는 정치적으로 사용되고 있는 사실은 여러 점에서 시사하는 바가 많다. 종교적 또는 정치적 카리스마를 위해 비유가 사용되는 예는 많다. 그 중에서도 가장 일반적으로 활용되는 것은 혈연적 관계가 종교적 또는 정치적 관계로 차용되는 일이다. 소위 부자 또는 부모와 자식의 관계는 생득적이며, 선천적이기 때문에 인간의 관계 중에서 다른 어떤 관계보다도 견고하다.

종교적·정치적 관계를 강화할 목적으로 이러한 견고성이 차용되는 것이다.

종교적으로는 교조(敎祖)나 사도가 부모요, 신도는 자식으로 비유된다. 교회에서 하느님 아버지라고 부르는 것은 종교적 카리스마가 요청되는 상황에 따른 비유적 적응이다. 정치적으로 보더라도 왕이나 관리를 부모로, 백성을 자식으로 상정하는 예는 많다. 역사적으로 보아 한국의 건국신화에서 상용되고 있는 천지인(天地人)에 대한 혈연적 등치나 유교적 이념에 침윤된 신라시대 이후 군사부 일체론 등이 모두 정치적 카리스마를 강화하기 위해 사용된 하나의 비유적 활용이었다. 신라시대 경덕왕(景德王) 때 향가의 하나인 안민가(安民歌)에는 직접적으로 임금은 아버지요, 신하는 어머니, 백성은 어리석은 아이라고 노래되고 있다. 나라와 가정을 일치시키는 형태로서, 치자와 피치자의 관계를 부모와 자식의 관계로 등치시킨 것이다. 정치적 카리스마를 강화할 필요가 있을 때는 거의 언제나 이러한 비유가 나타난다. 이북에서 '김일성 어버이'라고 하는 말도 그렇고, 유신독재시절에 충효를 극히 강조했던 맥락도 따지고 보면 모두 정치적 카리스마를 합리화하기 위한 방편들이었던 것이다.

이러한 현상은 과거의 문화 속에서만 나타나는 것은 아니다. 현대 자본주의 사회 속에서 재현되고 있다. 대기업이든 중소기업이든 회사내에서 상사와 부하직원간의 관계를 부모와 자식의 관계로 묶는 예는 흔하다. '가족적 분위기', 또는

'우리 가족 사원'하는 등의 문구를 기업체의 사보나 홍보물에서 보기 어렵지 않다.

사회적 관계를 부모와 자식의 관계로 묶는 의도와 궤를 같이 하는 것으로서, 곧 목자와 양의 관계로 사회적 관계를 묶는 것이다. 양은 목자를 따른다. 반항도 없고 자기 주장도 없으며 오로지 복종하고 이끄는 데로 따른다. 따라서 목자와 양의 관계가 차용되는 맥락을 보면 반드시 사회적으로 상하의 수직적 지배질서나 주종관계가 요청되는 상황이다. 즉 하나의 상징적 굴레가 필요한 상황에서 이러한 비유가 사회적으로 활용되면서 반자의적인 강제를 합리화하기 위한 비유적 방편으로 활용되어 왔던 것이다.

3. 양의 수호신적 기능

십이지에 따른 띠동물은 나름대로 질서와 의미를 지닌다. 이미 중국에서 확립되어 우리나라에 수용된 12지에 대한 관념이나 띠동물은 우리나라 현실에 맞지 않은 요소도 없었던 것은 아니다. 예를 들면 원숭이띠의 경우처럼 우리나라에 살지 않은 동물이 들어 있는 경우가 그렇다. 양 역시 그러한 예에 속하는 한 사례일 수 있다. 왜냐하면 양이 본래 우리나라에서 경제성을 지닌 산업용으로 사육된 예를 거의 찾아보기 어렵기 때문에 친숙치 않은 동물이었다. 그래서 일반인들

에게서 양에 대한 상식은 염소와 혼효된 채로 인식되어 왔
다. 양띠를 가리켜 염소띠로 관념하고 있는 사례가 적지 않
은 것은 이 때문이다.

그러나 양 자체가 비록 가축으로 사육된 예는 없었다고
하더라도 십이지에 대한 관념은 매우 두터웠던 관계로, 그
전체의 체계 속에 위치하여 나름대로의 기능과 의미를 지녔
던 것이 사실이다. 마치 상상의 동물인 용이 신앙적 관념 속
에 두텁게 자리하면서 나름대로의 추상을 얻었던 것과 같은
이치다. 따라서 양이 우리나라에 살지 않았다고 해서 양에
대한 믿음이나 그에 대한 상징적 의미가 다른 띠동물에 비
해 희박했다거나 약화되었다고 할 수는 없다.

우리나라에 차용된 십이지가 처음으로 사용된 실증적 자
료는 신라 경덕왕 때부터 비롯되었다는 호석(護石)이다. 왕
의 무덤 주위에 판석 12개에 각각 띠동물을 부조하여 둘렀
다. 이것은 열두 방향에서 각기 왕릉을 수호하는 수호신으로
세워졌던 것이다. 또 탑파에 새겨지기도 했는데 이 역시 기
능은 같다. 그 열두 동물 중의 하나가 바로 양이었던 것이다.
그러나 양의 수호신적 기능은 이러한 12지관념 또는 띠동물
전체 속에서 하나로 위치하는 것에 머물지 않았다.

무덤 앞에 수호신으로 세우는 양석(羊石), 양마석(羊馬石),
양호석(羊虎石) 등도 모두 양의 수호신적 기능을 민속적으로
활용한 사례다. 이런 사례는 중국에서도 찾을 수 없는 것으
로 한국의 독특한 묘제(墓制)에 속한다. 특히 양석, 양마석,

양호석 등에서 공통분모는 양이다. 양과 말, 양과 호랑이가 같이 세워지는 경우도 있지만, 다른 동물과 함께 수호령으로 세워지는 경우라 하더라도 양만은 반드시 함께 세워지는 것이다. 또 다른 동물과 관계없이 양석만을 세우는 경우도 있다. 양은 그지없이 순한 동물이다. 그러나 순한 사람이 화를 내면 무섭듯이 양 또한 그런 식으로 해석되어 수호신으로 취해졌을 것이다. 인성에 대한 해석이 양을 무덤의 수호신으로 세우게 된 배경이었던 것이다. 양은 남을 먼저 공격하는 일이 없다. 다만 공격을 받으면 대항을 할 뿐이다. 그에게는 남달이 날카로운 뿔이 있다. 날카로운 이빨을 가진 동물은 대개 공격적이다. 그러나 날카로운 뿔을 가진 동물은 방어적이다. 육식동물의 이빨이 날카로운 것은 그들의 공격적인 성격과 관련이 깊다. 그러나 대개 초식동물만이 뿔을 가진다. 순하고 겁이 많은 동물일수록 뿔을 가진다.

동물의 속성을 예리하게 관찰하여 그를 하나의 전통적인 민속으로까지 장치한 예가 바로 양석(羊石)이다. 선조의 무덤을 수호하는 동물상을 세울 경우 공격적인 동물보다는 방어적인 양이 우선적이며, 즐겨 취해진 예에서 우리 민족의 한 집단적 성격을 살필 수도 있다.

XI. 맺음말

이 책에서는 주로 한국의 민속현상에서 찾아지는 양과 관련된 제 양상을 살펴보고자 했다. 그러나 필요한 경우는 중국이나 일본 또는 서양의 자료를 통해 한국의 그것과의 비교 또는 보편적인 현상에 대한 이해를 꾀하기도 했다.

양은 일반적으로 선하고 순하며, 군거생활을 잘하는 동물로서 생각되면서 이러한 양의 속성이 관용어나 속담, 또는 비유적으로 많이 이야기되고 있다. 앞에서 살펴본 것처럼 양을 직접 가축의 하나로 기른 예를 우리 역사에서 찾기가 어려운 관계로 양에 대한 민속과 상징이 그리 흔하지 않다. 결과적으로 양과 양띠에 대한 민속은 다른 십이지 동물에 비해서 현저하게 적은 바, 그 원인은 양이 이렇듯 우리의 일상생활과 직접적인 관련을 맺지 못했던 때문으로 생각된다. 다만 동물학적으로는 다른 염소가 양으로 대체되어 십이지동물의 하나로 믿어졌던 사례가 다수 발견되기도 한다. 그래서 민간에서는 양띠를 염소띠라고도 하는 것이다.

민속현상으로 가장 일반적인 설화나 민요, 속담 등에서 양이 등장하는 예는 그리 많지 않다. 설화나 민요가 일상적인 경험을 통해 얻어진 사상과 감정의 재구성이기 때문에 일상과 거리가 먼 양이 자연히 설화와 민요 속에 자리잡기가 어려웠던 것이다. 그러나 반면에 독자적으로 믿어지고 말해진 예는 흔치 않다고 하더라도 12지동물의 하나로서, 또는 12지 신상의 하나로서 양은 제자리를 확보하고 있었다.

한편 중국의 한시문을 탐독해 오고 또 경서를 읽어 왔던 전통으로 인해서 이미 중국에서 형성된 양에 대한 성어(成語)가 우리의 한시문(漢詩文) 등에 다수 찾아지기도 한다. 그러나 대부분 이러한 내용은 양 자체에 대한 신앙이나 관습이라기보다는 비유적인 내용을 담고 있는 예가 많다. 또 근래의 일이기는 하지만, 기독교가 교세를 확장하면서 성경이 필독서로 읽어지는 경향으로 인해 비교적 양에 대한 이해나 관용어가 늘어나는 추세를 보이고 있다.

우리의 민속을 통해 살펴본 양에 대한 관념 또는 상징적 의미는 여러 측면에서 가려질 수 있겠으나, 주로 세 가지 측면으로 압축해 보았다. 즉 그것에 대한 긍정적 인식과 부정적 인식, 그리고 비유적 의미와 사회적 상징, 끝으로 양의 수호신적 기능이 그것이다.

앞에서도 여러 차례 밝힌 바 있지만, 양에 대한 자료가 위

낙 우리의 민속현장에서 드물기 때문에, 그것에 관해 한 권의 책으로 묶어 낸다는 것이 여간 어려운 일이 아니었다. 또한 양에 관한 전체적인 이해를 할 수 있는 문헌적인 자료 역시 찾아보기 어려웠다. 이러한 상황에서 양에 대한 전체적인 이해를 한다는 것은 거의 불가능한 것이었다. 여언삼아 마지막으로 한 마디 첨언하자면 이 책은 결코 완결된 어떤 성과물이 아니라, 이제 겨우 양에 대한 민속적 이해 또는 상징의 발견을 시작하는 계기가 되는 정도로 만족할 수밖에 없다는 것이다. 앞으로 이를 시금석으로 하여 보다 총체적이고 성실한 조사와 연구를 약속하며, 또한 관심을 가진 다른 사람들에 의해 이러한 작업이 지속적으로 수행되기를 기대해 본다.

참고문헌

김부식, 『삼국사기』

일연, 『삼국유사』

『고려사』

『고려사절요』

『동사강목』

『증보 문헌비고』

이익, 『성호사설』

『오주연문장전산고』

『태종실록』

『세종실록』

『세종실록지리지』

『세종실록오례의』

『성종실록』

『중종실록』

『명종실록』

『순조실록』

『동국여지승람』

홍석모, 『동국세시기』

정약용, 『목민심서』

이덕무, 『청장관전서』

『설문해자』

『삼국지』

『사기』

『논어』

『장자』

『맹자』

『원사』

『명사』

『당사』

王充, 『논형(論衡)』 物世篇

성서백과대사전편찬위원회, 『성서백과대사전』, 서울: 성서교재간
　　　행회, 1973.

고사성어사전간행회, 『고사성어사전』, 서울: 학원사, 1977.

완도군, 『내고장 전통가꾸기』, 1981, p.262.

전라남도, 『전남의 전설』, 광주: 광주일보출판부, 1991.

한글학회, 『한국땅이름큰사전』, 서울: 한극학회, 1991.

한국정신문화연구원, 『한국민족문화대백과사전』 9권, 1991.

강한영 校注譯, 『신재효 판소리사설집』, 서울: 민중서관, 1978.

김생수, 『띠를 알면 그 사람이 보이네』, 서울: 청산, 1992.

김의숙, 『한국민속제의와 음양오행』, 서울: 집문당, 1992.

나경수, "완도 장좌리 당제의 조사보고와 세계상고찰", 『용봉논
　　　총』, 전남대학교 인문과학연구소, 1991.

나경수, 『한국의 신화연구』, 서울: 교문사, 1993.

나경수, 『전남의 민속연구』, 서울: 민속원, 1994.

나경수, 『향가문학론과 작품연구』, 서울: 집문당, 1995.

류종목·빈재황, 『한국구비문학대계-경남 진양군』8-3, 성남: 한국정신문화연구원

박준규, "세시풍속", 『전국민속종합조사보고서』 (전남편), 서울: 문화재관리국, 1969.

백광, 『易術全書』, 서울: 명문당, 1991.

성기열·정기호, 『한국구비문학대계-경기 강화군』, 성남: 한국정신문화연구원

신육천, 『四柱命理學大事典』, 서울: 갑을당, 1986.

박영원·양재찬 편저, 『속담성어사전』, 서울: 국학자료원, 1994.

이돈주, 『한자학총론』, 서울:박영사, 1993.

이어령 편저, 『문장백과대사전』, 서울: 금성출판사, 1988.

임형택, 『이조시대 서사시』, 서울: 창작과 비평사, 1994.

장정룡, 『한·중 세시풍속 및 가요연구』, 서울: 집문당, 1992.

천혜숙·강진옥, 『한국구비문학대계-경북 선산군』7-16. 성남: 한국정신문화연구원

최정여, 『한국구비문학대계-경북 선산군』, 성남: 한국정신문화연구원

최정여·강은해, 『구비문학대계-경남 거창』8-6, 성남: 정신문화연구원

추송학, 『大四柱秘典』, 서울: 생활문화사, 1980 <재판>

한건덕, 『꿈의 예시와 판단』, 서울: 삼신서적, 1973.

滴天髓(김동규 역), 『음양오행의 원리』, 서울: 민족문화사, 1983.

江上波夫, 『騎馬民族國家』, 東京: 中公新書, 1974.

吉野裕子, 『陰陽五行と日本の民俗』, 京都: 人文書院, 1983.

三品彰英, 『日本神話論』, 東京: 平凡社, 1970.

Marie-Louise von Franz(윤원철 역), 『시간』－리듬과 휴지－, 서울: 평단문화사, 1987.

12띠의 민속과 상징 ⑧   양 띠

인쇄 • 1999년 2월 1일
발행 • 1999년 2월 10일

지은이 • 나 경 수
발행인 • 정 찬 용
편집인 • 한 봉 숙
발행처 • **국학자료원**

등록번호 • 제2-412호
주소 • 서울시 성동구 행당동 28-7 정우B/D 407호
전화 • 2293-7949 ╱ 2291-7948
팩시밀리 • 2291-1628
http://www.kookhak.co.kr

값 • 7,000원

*저자와의 협의하에 인지 생략함.